OTRAS 50 EXPERIENCIAS TERAPÉUTICAS

Casos, cosas y cuestiones en psicoterapia.

Segunda edición

AUTOR:
LIC. PSIC. JUAN CARLOS MARTÍNEZ BERNAL

Otras 50 Experiencias Terapéuticas. Casos, cosas y cuestiones en psicoterapia.
Segunda edición.
Publicación Independiente.
Derechos Reservados
Juan Carlos Martínez Bernal
México, mayo de 2020.
Crédito de fotografía de portada: @bryanminear www.designbold.com

Contenido

PRÓLOGO A LA SEGUNDA EDICIÓN

Este libro es el tercero de mi TRILOGÍA TERAPÉUTICA, conformada también por los títulos "Sin Cuenta Experiencias Terapéuticas" y "Técnicas Energéticas y de Integración Cerebral", los cuales también ya tienen publicadas sus respectivas segundas ediciones, y los cuales recomiendo leer como complemento de este que tienes en tus ojos o en tus manos.

9 meses después de la primera edición de este libro, no ha pasado una semana sin que no haya una o más experiencias terapéuticas en mi lugar de trabajo o en mis consultas privadas. Algunas de tales experiencias las agregué en las segundas ediciones de los otros dos libros mencionados de mi Trilogía Terapéutica, otras experiencias las incluyo en el presente libro en su segunda edición. A estas alturas de la segunda edición, el título real de este libro tendría que ser "Otras 100 experiencias terapéuticas", verás que cada tema contiene en muchas ocasiones más de una experiencia vivida en mi consultorio institucional o en el privado.

¿Qué es lo que estoy añadiendo de novedad a este libro?
10 imágenes y 5 mil nuevas palabras de contenido, en las temáticas siguientes:
Trabajar los Estados del Yo.
Sobre cómo tratar el monólogo interior negativo.
Película "mi encuentro conmigo".
Cartas de tarot proyectivas.
Reajustar la zona del futuro.
Duelo escondido.
Alteración sensorial en psicópatas y psicóticos.
El antes y el después de una consulta.
¿Has sufrido de violencia sexual?
Influencia de las religiones en los consultantes.
Perdón de la madre.
Mensaje del inconsciente.
Claves para entender un sueño.
Brainspotting vs. enfoque cognitivo-conductual.
2 Posturas o Ejercicios para integración cerebral.

Manzanillo, Colima, México
Mayo de 2020

1.-INTRODUCCIÓN A LA PRIMERA EDICIÓN

Una disculpa pública a todas las plantas, animales y personas
a las que ocasioné un daño, consciente o inconsciente.
Este libro, y cada palabra que escriba o diga en mi vida
serán un intento polar de reparar mis faltas.
Un cielo cien por cien azul no es lo que quiero encima,
faltarían nubes de agua para la vida.

Después de que terminé de escribir el libro "Sin Cuenta Experiencias Terapéuticas" (publicado por Amazon), en los siguientes días y semanas me comenzó a llegar otra cascada de recuerdos sobre más experiencias de ese tipo, además de que rescaté otras de estas que tenía entre mis apuntes personales; por lo que me dispuse a plasmar todo eso en este nuevo libro, en el que también decido compartir algunos pasajes importantes de temas terapéuticos que me han sido de utilidad en mi quehacer laboral en el último año.

Este sexto libro, al igual que los 5 anteriores, son la consecuencia de una secuencia de experiencias vividas como Psicólogo titulado hace 20 años, y con preparación de Posgrado, principalmente en Terapia Gestalt y Constelaciones Familiares, llevando a la práctica un estilo plural donde también retomo elementos de enfoques y técnicas como PNL, EMDR, Técnicas Energéticas y de Integración Cerebral. Sobre las experiencias aquí narradas, el campo principal de labor ha sido en un Centro Penitenciario de Mediana-Alta Seguridad.

A lo largo de ya 17 años que tengo laborando en el Centro de Reinserción Social de Manzanillo, Colima (en México), en este lugar que es popularmente conocido como "la cárcel", es aquí donde he visto surgir, desarrollarse y atender problemáticas, conflictos y transtornos emocionales de las actualmente llamadas personas privadas de su libertad (antes conocidas como presos o reos).

Este lugar, transitoriamente se ha convertido, metafóricamente hablando, en "laboratorio emocional", o en un "hospital médico-psiquiátrico-psicoterapéutico", y en un espacio en el que se han conformado grupos donde se han trabajado aspectos duros y profundos como duelos, torturas, violencia, asesinatos, familias desintegradas, intervenciones en crisis diversas, pobreza económica y de autoestima, analfabetismo escolar y emocional, etcétera. Muchos de estos casos ya los conté en uno de mis libros anteriores ("Sin Cuenta Experiencias Terapéuticas").

Nuevos casos, reflexiones y maneras de trabajar en la terapia las comparto en este libro "Otras 50 Experiencias Terapéuticas", que mayormente surgen de este espacio penitenciario, donde yo me he enriquecido de vivencias con infinidad de experiencias de todo tipo, aunque me interesa compartir las de tipo terapéutico, porque es lo que plasmo en este libro.

Dice Alejandro Jodorowsky que: "La única solución posible para que los terapeutas no exploten el sufrimiento de los que acuden pidiendo ayuda sería que fuesen financiados por los gobiernos" (p. 681 del libro "Metagenealogía"). Yo pertenezco a ese selecto grupo, afortunadamente he tenido estabilidad laboral gracias al Sindicato Independiente de Trabajadores al Servicio del Gobierno y Organismos Descentralizados del Estado de Colima (SITSGODEC), uno de los dos sindicatos estatales del Gobierno de Colima. De otra manera, no habrían nacido mis seis libros.

Mis experiencias son sorprendentes para unos, interesantes para otros, útiles para quien las replique y adapte a su manera. Lo cierto, es que combino el haber tenido la experiencia con saberla transmitir, lo que no cualquiera puede o quiere hacer entre la comunidad de colegas. No suelen abundar libros sobre experiencias terapéuticas, hay quienes no se quieren desprender de sus "secretos", a otros les da pena compartir lo que hacen por temor a los juicios de los demás. A mí me entusiasma compartir, y se me hace un reto atractivo el transmitirlo de una manera comprensible, lo menos complicada posible, y sin perder la seriedad de la experiencia.

En este libro encontrarás casos terapéuticos reales, recursos materiales creativos sugeridos para facilitar la terapia, y cuestiones fundamentales resumidas y explicadas con sencillez para comprender varias de las temáticas insertas en los procesos de distintos enfoques de psico/terapia.

Manzanillo, Colima, septiembre de 2019

2.- ALGUNOS FUNDAMENTOS Y CUESTIONES EN ENFOQUES DE TERAPIA

2.1.- ENTRAR O ESTAR EN EL CENTRAMIENTO

Nos asombramos de las observaciones, intuiciones y manejos que Bert Hellinger ha realizado en sus trabajos de Constelaciones Familiares y Movimientos del Alma. Cuando él se refiere a estar en la levedad del Centro Vacío, por supuesto que es estar en la apertura fenomenológica, observar los fenómenos, estar en sintonía con el Campo, también llamado Matriz o campos morfogenéticos. Y para entrar en esa sintonía lo dice fácil, y no lo es en la práctica para la mayoría que lo lee. Hay que valerse de recursos que requieren de práctica continua para dominarlos.

Existen varios recursos espirituales, transpersonales y kinesiológicos; les compartiré algunos:

***Kinesiológicos y de Integración Cerebral:** Apoyarse en algún test de verificación muscular, por ejemplo, yo me ayudo con el test O' Ring Bi-digital de Omura (patentado en 1993) para calibrar mi coherencia/incoherencia antes de una sesión grupal o individual. De estar en incoherencia entonces obtengo coherencia con ejercicios de integración cerebral de Gimnasia Cerebral, Psych-K, Pranayamas, entre otros (ver el libro 'Técnicas Energéticas y de Integración Cerebral', donde detallo multitud de estos ejercicios). Una amiga psicoterapeuta usa como verificación muscular el cruce de dos dedos (el anular y el medio) para calibrarse y calibrar los fenómenos de un grupo o de un consultante.

***Espirituales:** encomendarse a un Ser Superior, desde el corazón decretar que se haga su voluntad y no la nuestra, agradecer y respetar la voluntad del Alma Familiar y estando nosotros al servicio de ella. Hacer una o más oraciones encaminadas al respeto del otro y de su árbol genealógico, por ejemplo, hay una oración donde decimos que nuestro ángel de la guarda está delante de nosotros y saluda al del consultante, para que todo esté en santa paz. Hay quienes piden ayuda a entes espirituales (según su religión o creencia) para que les ayuden a "ver" con más claridad los fenómenos. El practicar meditación, mindfulness, mantralizaciones, vocalizaciones, nos prepara paulatinamente para la mirada fenomenológica. Yo, acostumbro centrarme a través del ejercicio esotérico 'Estrella Flamígera' (que incluye movimientos de manos y pies, persignación, orientación al Oeste, y otras cosas), al que además le agrego tener rodillas flexibles, visualizaciones de una burbuja dorada y líneas curvas de ciertos colores, para finalizar con la frase "estoy protegido, estoy estable".

Transpersonales: Estimular el sexto chakra o tercer ojo, para estimular la clarividencia, aquí pueden ser útiles las técnicas energéticas de EFT o el TAT. Los de tendencia chamánica pueden entrar en trance a través de meditaciones breves, oraciones, danzas previas o solicitar ayuda de entes sobrenaturales.
Entrar en estado alfa cerebral es algo que practican en el Método Silva de Control Mental, este estado implica algo más que la simple relajación. Otros usan anclajes con rituales, colores, olores, sabores, visualizaciones, señales táctiles o auditivas, previamente afianzados con la práctica. Ayuda el realizar disciplinas como yoga, artes marciales, Tai Chi, Pases mágicos de Castaneda, danzas sagradas, respiración diafragmática, música clásica barroca, música bilateral, etcétera.

PNL e Hipnosis Ericksoniana: Stephen Gilligan y Robert Dilts (2011) prepararon un ejercicio de sugestión y anclaje para lograr el Centramiento o Equilibrio de las mentes somática y cognitiva de una persona, para conectar la energía interna-externa de la intención con la tercera mente que es El Campo. Equivalente a lo que estamos comentando de la apertura fenomenológica o centramiento en el vacío.
En ese ejercicio, basado en un modelo del Yo Generativo, los autores dicen que este Centramiento es la primera y fundamental habilidad del Viaje del Héroe, implicando relajación y atención, lo que hacen los artistas y los atletas.
Ampliar el campo visual con la mirada periférica, entrecerrando los ojos. Con los pies tocando el suelo para enraizarse y la espalda en postura recta, también es importante conectar con la respiración, porque es estar en el presente, aquí y ahora, visualizando que la respiración sube desde los pies, pasa por la columna vertebral y sale por la coronilla o séptimo chakra, para conectarse con el Universo. Usar la sugestión al proporcionarnos frases para profundizar en este ejercicio, por ejemplo: "autobendición", "autoamor", "autoaceptación", "una apertura a una mente mayor", conectando con algo más profundo".

Además de anclarse en un estado donde anteriormente ya se ha estado así, con esa vitalidad, fuerza, sabiduría, bienestar y fluidez, para luego darse cuenta en qué lugar corporal está esa base del estado (asegurarse de ubicar el lugar debajo del cuello y encima de las piernas, soliendo ser el corazón, pecho, plexo solar, o el hara), tocando ese centro de la mejor manera, con todo el amor profundo, para que se pueda activar o despertar en todo su potencial, y para en otro momento recurrir a ese botón, a ese centro, estado o sintonía, que asienta nuestra energía, lo que otros llaman entrar en estado alfa de alerta relajada, para conectar más allá de tu mente pensante o cognitiva, es decir, conectar con nuestra mente supraconsciente, o el Inconsciente creativo, el Campo o Matriz, afirmarán otros. Para mantenerse centrado incluso en ocasiones de presión y de dificultad, hay que estar como el árbol, enraizado ("bien plantado") y fluir con seguridad en ese terreno y campo de energía donde los demás no nos podrán derribar ni afectar demasiado, en esta postura ayuda el doblar un poco las rodillas, como lo sugiere Lowen para el enraizamiento.

El centramiento es vital para encontrar la real "intención positiva" de una adicción o estado negativo. En las diferentes artes marciales saben que si pierdes tu centro y tu calma (por ejemplo, dejar dominarse por el enojo), ya perdiste todo lo demás. Esta es la norma: cuando una persona entra en contacto con su estado problemático, pierde su centro. Puedes perder tu centro ante una fuerza externa por medio de la sumisión pasiva o de la resistencia terca, y hay un tercer camino flexible donde se da y se recibe energía. Cuando recibimos una energía de otro, hay que recibirla, extenderla hacia el suelo y devolverla al otro, como un oleaje.

En PNL se hablaría de reflejar energéticamente. Y cuando venga una energía violenta podemos reaccionar con una cuarta estrategia a las tres ya conocidas (lucha, huida y congelamiento), que sería el flujo: hacerte a un lado, (como los toreros o como en el aikido), no bloquearla ni recibirla, para luego irla enraizando, esto sería un estado somático Generativo.

Denise McCluggege (1996) en su excelente libro "El Esquiador Centrado", nos comenta que: *"un cuerpo bien alineado, asentado, conectado, muestra un empuje liviano hacia arriba y un flujo de pesadez hacia abajo, por la energía Chi. No es de extrañar entonces que tanto la sensación de liviandad como de pesantez sean ambas señales correctas de llegada al núcleo de una conciencia del Centro. Ha sido tocado el equilibrio, el punto nulo. Lo que se vivencia es Centramiento; el cuerpo/mente en su estado de alerta relajado. Conectado a la energía universal, alimentado por ella, el Chi fluye libremente. Todo está relajado, vitalizado, alerta. El movimiento empieza en la región pélvica, donde está el hara, el plexo solar, el Centro, y de ahí fluye hacia las extremidades superiores e inferiores; la respiración es fácil, la cabeza y cuello están sueltos, las rodillas un poco doblándose".*

Entonces, centrarse es fundamental para los terapeutas, consteladores, líderes, deportistas, jinetes, los que hablan en público, artistas…la lista es larga, en general, para cualquier persona. Ahora que lo recuerdo, en los tiempos de adolescente que me conducía inseguro, con miedos,…no estaba centrado…eso era, andaba desequilibrado sin saberlo…ahora lo comprendo. Finalizo este subcapítulo con esta frase:
"Lo más importante es la entrega total, dejar a un lado el ego y entregarte a la persona que te está consultando. Sólo de este modo es posible contemplar su campo energético".
Chamana Elena

2.2.- TOMA DE TIERRA (ENRAIZAMIENTO)

"Los pies hay que plantarlos como un árbol frutal, no como un poste"
Denise McCluggege

El Enraizamiento contribuye al Centramiento, del que escribí en el subcapítulo anterior. Y para enraizarse existen varios métodos, mencionaré algunos.
Para estimular el **Chakra 1**, también llamado Muladhara o Chakra raíz, hay que vocalizar el sonido de las letras "s" o la "u" (inhalar profundamente unos 4 segundos, retener unos 8 segundos el aire dentro, luego al exhalar pronunciar el sonido de la letra repetidamente, hasta que salga todo el

aire retenido), por ejemplo: sssssssssssssssssssss. Según "El Gran Libro de los Chakras", el primer chakra se estimula con el color rojo brillante, con los aromas a cedro y clavo (la especia), gemas rojas, y sonidos de la naturaleza. Agregaría actividades que estimulen las extremidades inferiores y las caderas, como bailes, movimientos de pies y de caderas, flexiones de rodillas (recordar la postura de Enraizamiento de A. Lowen); caminar con pies desnudos en tierra, césped o suelo, de hecho, Clinton Ober, en el llamado 'Earthing' promueve las bondades de caminar por lo menos 30 minutos diarios en lugares naturales y lo menos artificiales posible, siendo muy benéfico caminar en la arena de mar, las riberas, el césped o hasta en el patio de nuestra casa, para volver a un equilibrio energético, o más bien, eléctrico, como dice Frank Suárez en su video 'Conexión a Tierra' (ver en Youtube).

En *Gimnasia Cerebral* (Brain Gym), Los Dennison sugieren los siguientes ejercicios para estimular el Enraizamiento y la coordinación del cuerpo en su parte inferior: Respiración abdominal (diafragmática), Marcha cruzada en el suelo, Flexión del pie, Bombeo de pantorrilla, Balanceo de gravedad, Toma a tierra (brazos flexionados y manos en la cintura, extremidades inferiores abiertas, cabeza mirando de perfil, se flexiona una rodilla hacia ese perfil, Giros del cuello, Botones de tierra (tocarse al mismo tiempo debajo del labio inferior de la boca y 5 centímetros abajo del ombligo), Botones de equilibrio (tocarse la zona lateral derecha a unos centímetros de la nuca, existiendo una hendidura, al mismo tiempo que con la otra mano se toca el plexo solar arriba del ombligo; luego cambiar a la zona izquierda con la otra mano), Gancho de Cook (Sentado o de pie, toma el tobillo izquierdo con la mano derecha. La mano izquierda sobre el arco del pie izquierdo. Para finalizar descruza los pies y toca las yemas de los dedos de las manos entre sí).

Afirma Rob Williams, creador del *Psych-K*: "Con el tiempo, empecé a notar una peculiaridad singular de las personas. Justo antes de que apreté el brazo extendido se utiliza para las pruebas musculares, me di cuenta de que los ojos de la persona se muevan hacia arriba, como si estuvieran mirando a algo en el techo.
Me acordé de un poco de información de mi formación anterior en Programación Neuro-Lingüística (PNL), lo que sugiere que cuando la gente mira hacia arriba, por lo general se procesan sus pensamientos visualmente (hacer fotos). Cuando se enfocan hacia el frente, que están procesando auditiva (escuchar sonidos), y cuando se mira hacia abajo, por lo general se procesan cenestésicamente (experimentar sentimientos o sensaciones físicas). En efecto, cuando se levantaron durante el test muscular, que se movían de sus sentimientos y en su sistema sensorial visual. Debido a que la respuesta de la prueba muscular a las declaraciones autorreferenciales depende de una respuesta fisiológica de la mente subconsciente se expresa a través del cuerpo físico, es posible que el individuo no estaba experimentando las sensaciones necesarias para garantizar una prueba muscular precisa. Tras reflexionar sobre ello y la observación, también me di cuenta de que los clientes con un historial de trauma significativo infancia eran más propensos a mirar hacia arriba cuando se le preguntó para acceder a recuerdos desagradables o hacer declaraciones que podrían implicar tener que hacerlo. Al parecer, mirando hacia arriba fue una estrategia inconsciente para disociar de los recuerdos desagradables. Esta práctica efectivamente desconectada de los sentimientos necesarios para crear una respuesta conflictiva (débil) del músculo del subconsciente. Tan pronto como le pregunté al sujeto que está siendo probado para mantener los ojos enfocados en una dirección hacia abajo durante el procedimiento de prueba, las respuestas normalizadas".

A propósito de enraizarse, he visto que la consteladora Brigitte Champetier ha facilitado algunas constelaciones y movimientos del alma estando descalza, lo que seguramente le permitirá una mejor visión fenomenológica.

Mi primer acercamiento a una sensibilización de enraizamiento, ocurrió cuando era estudiante avanzado de Psicología, allá a mediados de la década de 1990. Fue un taller que recibí en la Facultad de Letras y Comunicación, de parte de un entusiasmado docente que lo replicó de uno que tomó en Guadalajara. Se trató de tomar conciencia de nuestra respiración, las partes de nuestro cuerpo, a las que tenemos que relajar, el valorar tomar tierra o estar descalzo en el suelo, el mover y estirar el cuerpo. Algo que me pareció tan simple y tan profundo a la vez, en aquel momento y todavía.

2.3.- EL ESTRÉS ES LA NIEVE DE LA MONTAÑA

Menciona Silvia Hartmann (2012) en "Energía EFT", que el estrés es un bloqueo para el flujo de la energía emocional, siendo como la nieve de la montaña que nos impide ver las rocas y la superficie que hay ahí, por lo que cuando estemos tratando un asunto y notemos que el consultante llega con alta carga emocional, tensional, ansiosa o estresante, es conveniente dedicar al principio dos rondas de EFT para reducir ese estado, "derretir esa nieve", y que nos permita ver lo que realmente hay en el motivo de consulta. Como elementos desbloqueadores, Hartmann sugiere relajar los músculos que estén tensos, iniciar y finalizar las rondas de tapping con la postura de 'corazón curativo" (manos cruzadas, mano dominante arriba de la otra, encima del corazón, y hacer por lo menos una respiración profunda), acompañar el tapping con respiraciones profundas (mínimo una en cada punto energético), expresar en voz alta la frase del problema (es decir, no es suficiente con pensarlo) y, de manera opcional, beber agua entre las rondas de tapping EFT, y como ya he escrito en otro libro, de preferencia agua mineral.

También, podemos aplicar técnicas clásicas de relajación: corporales, mentales o mixtas. Cuando una persona está llorando, como parte de un duelo, le permito el desahogo; sin embargo, si me doy cuenta que es parte de un sentimiento secundario, entonces le pido que respire profundo para que se recupere (y obviamente no le doy algo para que se seque las lágrimas, para no ser cómplice de ese sentimiento tramposo) y continuemos la sesión, sin juzgar al consultante.

2.4.- TRAUMA Y VÍNCULO

Afirma Franz Ruppert (2017): "El trabajo con la metodología de las constelaciones familiares me permitió identificar claramente la relación entre vínculo y trauma. Mientras que los enfoques tradicionales consideran a los síntomas mismos como el problema, la teoría actual del trauma (Van der kolk, Levine, Scaer, Bowlby, Porges, y otros) permite un cambio de perspectiva radical: el síntoma se considera un mecanismo de protección necesario destinado a superar una experiencia traumática. Por ello, no podemos simplemente borrar los síntomas mediante la terapia. Tenemos que entender su función real: el síntoma es una expresión de que los sentimientos son obstaculizados a fin de evitar la retraumatización del individuo. De este modo, solo si se entienden y se procesan terapéuticamente las verdaderas causas, el síntoma puede detenerse o transformarse en una estructura psicológica más sana. A fin de contar con una mejor comprensión de los síntomas de las lesiones psicológicas, para mí fue vital considerarlos, por un lado, como síntomas de trastornos del vínculo, y por el otro, como las consecuencias de una traumatización. Para mí, relacionar estos dos conceptos fue un avance decisivo. Así, al tomar en cuenta la posibilidad de que las consecuencias de la traumatización se transmitan a través del proceso de vinculación emocional, se pueden obtener mejores apreciaciones de las causas de los problemas emocionales y psicológicos. Asimismo, se resuelve el enigma de por qué los individuos que no han tenido experiencias traumáticas presentan los síntomas asociados (por ejemplo, temor extremo, estados de pánico, depresión profunda o confusión mental)". Todo lo anterior, conduce a Ruppert a crear la Psicotraumatología Sistémica Multigeneracional.

Rosa González Lana (Licenciada en Psicología-Perito calígrafo) comenta que, en un trauma emocional hay un desequilibrio, "y viene la incapacidad de pensar claramente. Se desactiva el cerebro anterior, corteza pre-frontal (área creativa, que permite nuevos aprendizajes) y se activa el cerebro posterior (occipital) que toma el mando. El otro hallazgo es el de la presencia de ciertos puntos en el campo visual, llamados "nudos", que aparecen al hacer recorrer con la mirada de un ojo por vez y lentamente todo el campo visual mientras la persona piensa en el hecho. En estos nudos se concentran curiosamente las emociones más disfuncionales, que aparecen ligadas a emociones físicas, como mareos, náuseas y ansiedad. Una vez disueltos estos "nudos", con una técnica apropiada, el problema comienza a ser procesado y a desaparecer, o se reduce a su mínima expresión". Cabe decir que estos "nudos", son los que David Grand llama "brainspots" o "puntos cerebrales", que son focos a trabajar con su técnica de Brainspotting.

2.5.- LA TEORÍA POLIVAGAL

Menciona el neurocientífico Stephen Porges: "La gente habla sobre el equilibrio autónomo e inclusive he llegado a leer artículos en los cuales abusan de ese término y mencionan el equilibrio simpático y parasimpático en terapias somáticas; esto es un constructo equivocado. Llegamos a este punto porque en algunas circunstancias decimos que una persona es maravillosa, colaboradora, buena, que se ha restablecido, pero otras veces decimos que casi tiene una respuesta muerta, de depresión, por consiguiente, ¿cómo es posible que el mismo sistema esté haciendo dos cosas tan distintas? La razón por la que hace dos cosas diferentes es porque no es un solo sistema, de manera literal son dos sistemas nerviosos parasimpáticos".

Continúa Porges (lo que está entre paréntesis es de mi interpretación, para entender mejor lo que diga Porges): "Hay dos sistemas de motor vagal (de ahí el nombre de Teoría Poli-vagal, mientras que antes se creía que existía solamente un vago). Un sistema vagal es el vago vegetativo, que se origina en el núcleo motor dorsal y se asocia con regulación pasiva reflexiva de las funciones viscerales. El otro sistema vagal es el vago inteligente, que se origina en el Sistema Nervioso Autónomo y está asociado con procesos activos de atención, movimiento, emoción y comunicación (importante recordar estos factores a los que se asocia). Los dos sistemas son neuroanatómicamente distintos, tienen diferentes formas ontogenéticas y orígenes filogenéticos, y emplean diferentes estrategias de adaptación.

Las emociones primarias (tan importantes en varios enfoques, como en Constelaciones Familiares) se relacionan con la función autonómica, (o sea, con el sistema del vago inteligente, el que nos importa de aquí en adelante). Porque las emociones primarias a menudo están relacionadas con la supervivencia, deben integrarse en regulación cardiopulmonar. Además, las emociones primarias tienen un sesgo hemisférico derecho (que suele ser el hemisferio más traumatizado). También, en condiciones especiales, la hipoxia (bajos niveles de oxígeno) puede potenciar en gran medida el efecto vagal, (aquí entra la importancia de las técnicas respiratorias como la holotrópica o las que inducen hiperventilación, a mayor efecto vagal, mayor oportunidad de reprocesar un trauma).

El término Neurocepción se introdujo para enfatizar un proceso neuronal, subconsciente, distinto de la percepción, que es capaz de distinguir características del medio ambiente y viscerales que son seguras, peligrosas o que amenazan la vida. Representa un proceso neuronal que permite a humanos y otros mamíferos participar en comportamientos sociales al distinguir contextos peligrosos y seguros. Por lo tanto, la neurocepción de individuos familiares e individuos con voces apropiadamente prosódicas (afectuosas y congruentes en lo paraverbal) y los rostros cálidos y expresivos (no-verbalmente) se traducen en una interacción social que promueve una sensación de seguridad.

Lo que quiero decirles (sigue diciendo Porges) es que el proceso de la práctica musical, de practicar instrumentos musicales, del involucramiento social, del ejercicio (también juegos, deportes) en varias de sus formas, todos ellos son procesos que cuentan con tres sustratos neurofisiológicos, aún cuando en mi libro hablo sobre el zen para lavar los platos; es decir, no importa qué cosa se haga, uno se puede concentrar de forma suficiente en ello de modo tal que todas las verdades del mundo lleguen a uno y entonces todo tenga sentido. Esta es la planeación y la organización que en realidad ocurren en la música y el arte y no están separados de nuestra biología.

Al final de la conferencia entenderán que en realidad todo se basa en el contacto visual y en el involucramiento Social, Este modelo se basa en la interacción cara a cara. Lo que en realidad se hace es en sentido estricto de seres humanos a seres humanos. Ustedes tienen que comprender que esto también le ocurre a nuestra biología y que nosotros estamos adaptados. Los estados neurofisiológicos regulan nuestra conducta social y determinan el rango de las experiencias mentales. Trabajamos con un modelo de abajo hacia arriba (o sea, de las sensaciones a lo racional, primero la memoria corporal y al final las creencias), la regulación neurológica de las vísceras, para que pongamos las manos o al menos los pensamientos en eso y que podamos mejorar las propiedades de la conducta emergente".

Pregunta de un participante en un seminario: ¿Cómo terapeutas de traumas, para influir en nuestros clientes para que estén en un estado, si espero que tengan un estado, al menos de seguridad percibida, los estamos alejando del trauma?
Responde el Dr. Porges: Creo que esa es la respuesta. No pueden involucrar a las estructuras cerebrales superiores (lo racional y las creencias) en la regulación de las estructuras cerebrales inferiores, a menos que se encuentren en un medio ambiente seguro. En cuanto se encuentren en el ambiente seguro, entonces ya pueden acceder a estos sistemas. Esa es la forma en la que las personas listas y los psicoterapeutas trabajan bien, porque han creado esa estructura, conforme se encuentran en el diálogo cara a cara, esa es la ganancia terapéutica desde mi perspectiva.

(Entonces, la Teoría Polivagal legitima la importancia de prácticas colectivas milenarias como el canto comunitario, la musicoterapia, rituales religiosos, el teatro, diversas técnicas de respiración, movimientos corporales como chi kung, tai chi, tae kwon do, artes marciales, derivados de acupuntura y yoga, actividades rítmicas como kendo, tambores y oraciones religiosas o mantrams, y otros métodos que causan cambios en el estado autonómico. Además, en Constelaciones Familiares se torna relevante sanar las relaciones con las figuras parentales, así como reordenar el lugar que ocupa una persona en su familia, para que logre su identidad y pertenencia, que contribuye a su sensación de seguridad; en el Rebirthing –Renacimiento- y otras técnicas, es importante sanar los movimientos interrumpidos de apertura, tanto en el nacimiento como en los primeros años del niño, lo que abonaría en su seguridad y confianza).

2.6.- GENERAR SEGURIDAD Y CONFIANZA

Afirma la psicóloga Tivisay Guerrero (2012): "Tomando en cuenta la repercusión que tiene en las personas el reconocer el lugar que han ocupado y su Programa Raíz, resulta importante, a manera de prevención o abordaje terapéutico, trabajar estos aspectos en los niños, la Identidad y la Pertenencia.

Por lo que, basándome en los estudios realizados, sugiero que se les enseñe a verse y aceptarse a sí mismos, que sepan que están presentes, que ocupan un lugar que es único y que nadie les va a quitar, ni los hermanos, ni la familia, ni nadie. Podemos trabajar en ellos activándoles una conciencia de lugar en su familia. Recuerde que toda persona que desarrolle esta conciencia internaliza la confianza y la seguridad, y empieza así a desarrollar su sentido de pertenencia.
Este es el primer paso con los niños: enseñarles que ocupan un lugar en el espacio, en la familia, en la ciudad, en su país, en el planeta, un lugar como hijos, amigos, compañeros".

2.7.- TERAPIA DE ROLES INTERNOS/EXTERNOS

La Dra. Esly Regina Carvalho, experta en EMDR y Terapia de Roles, acreditando a J.L. Moreno (creador del Psicodrama) afirma que vamos por la vida integrando roles, nuevos y viejos, y algunos de ellos nos causan conflictos o nos congelan en reacciones y conductas inadecuadas, incongruentes con el contexto actual en que aparecen. Cada persona tiene una "Pandilla Interna", que son nuestros roles que nos hablan y actúan dentro de nosotros. El Yo (sí mismo) surge de esa integración, que es cambiante y en constante evolución. Los roles son construcciones internas (asociadas o disociadas) que guían los pensamientos, emociones y conductas de cada persona. Ejemplos de la "Pandilla Interna" son: el bebé recién nacido, la niña en crisis de 13 años, el niño interior, el adolescente rebelde, la madre introyectada, el padre introyectado, el patriarca / la matriarca interior, el adicto, el violento, el conquistador, el ambicioso, el crítico, el trabajador, el estudiante, el novio, el traumado, el religioso, entre otros, según el campo en que se haya desarrollado el individuo: familiar, escolar, laboral, etcétera. Los roles se pueden entender además como: "las vocesitas", "los egos", "las subpersonalidades", "las polaridades", "los yos / yoes", "los patrones energéticos", y más etiquetas duales o múltiples. Sobre esto, Alejandro Jodorowsky se refiere a 4 "caballos" que transportan al humano: emocional, corporal, sexual e intelectual.

Dicen Hal y Sidra Stone: "El protector/controlador es el patrón energético primario detrás de muchos otros yos. Por ejemplo, utilizará las energías del yo racional y del padre responsable como una manera de mantener el control sobre nuestro alrededor. Cuando la mayor parte de la gente usa la palabra "yo", en realidad se están refiriendo a su protector/controlador. Para la gran mayoría de nosotros, la energía del protector/controlador es el agente dirigente de la personalidad. Es lo que muchas personas llaman el ego".

Hay que explorar, identificar y reconocer tanto los "yoes" con los que se identifica y "yoes" repudiados, los que nos causan conflictos y suelen estar en nuestra sombra, porque al formar parte de nuestra persona total, estaríamos partidos, disfuncionales o fragmentados si no nos reconciliamos con estos, reconociéndolos y honrándolos. Incluso, como guía, cada "yo" se puede graficar con figuras (geométricas, símbolos, animales, personas u objetos) o representar con muñecos u otros objetos usados en constelaciones individuales.

Para encauzar una solución en la terapia de roles, hay que facilitar la conciencia y la integración de los roles trabajados, sea asumiendo nuevos roles (padre amoroso, persona con gratitud, altruista, hijo responsable, trabajador disciplinado), dejar de actuar otros (los disfuncionales), sin "asesinarlos", porque sería como darnos balazos en el pie. En esa integración señalada han demostrado su utilidad terapias de Gestalt EMDR, PNL, Constelaciones Familiares/Individuales, Análisis Transaccional, Familia Interna, Play of Life, Gestalt Neuroimaginativa GNI, Terapia Junguiana, Gran Mente Gran Corazón, Diálogo de Voces de los Stone, entre otras.

Los Stone, dan un ejemplo de un caso donde el consultante logra integrar sus polaridades: *"Sam se identificaba con su poder y siempre había rechazado su vulnerabilidad. A través de la terapia, se dio cuenta de su poder y del grado al que se había identificado con él. También se dio cuenta del niño vulnerable dentro de él. Su hermano mayor, Jack, también había sido una persona de poder y mucha de la necesidad de poder de Sam se originó en esta relación. Poco después del descubrimiento de su niño interior, tuvo este sueño: Estoy en una fiesta y mi hermano Jack está ahí. Se dirige a algún lado de la habitación y cuando regresa, está llorando. Lo abrazo y me dice que alguien ha herido sus sentimientos y que se preguntó cómo alguien lo pudo herir de tal manera".* Este sueño muestra que Sam ha desarrollado una consciencia en su vida despierta.
Ahora está consciente de sus patrones energéticos opositores de vulnerabilidad y poder. Esto es transformación de la consciencia de opuestos y la habilidad del ego consciente de honrar ambos patrones y tolerar la tensión que existe entre ellos. De la separación del poder (el yo con el que había estado identificado) y al honrar al niño (el yo que había reprimido), ocurre una transformación orgánica de los patrones energéticos mismos. En el sueño, Jack —el hermano que simboliza el lado de poder— se vuelve más vulnerable y Sam ahora lo abraza. Esta es una representación simbólica del proceso transformativo que ocurre en un patrón energético muy específico".

Esly Carvalho, combinando elementos de EMDR y muñecos, logra llegar a integrar los diversos "miembros de la pandilla interna" que surgen, por ejemplo, cita el caso de una consultante obesa, que elige una muñequita y la etiqueta como *"Yo Gordita"*, también elige otra monita que representa a su *"Futura delgada"*.
Como datos de la *"Yo Gordita"* se tuvieron de inicio en la consultante:
Creencia negativa: "Yo no logro controlarme".
Creencia positiva: "Yo puedo controlarme".
Validez de la creencia (Escala VoC)= 2
Emociones al ver a la *"Yo Gordita"*: rabia, tristeza, miedo.
Nivel de Perturbación (Escala Suds)= 9.
Sensaciones corporales: en la barriga, en la cadera.
Mientras mira a la *"Yo Gordita"* le aplica estimulaciones bilaterales táctiles, también se las aplica cuando la consultante piensa en voz alta (frases pesimistas o desvalorizantes).

Como el nivel de perturbación no llegaba a cero, se sospechó que había que tomar en cuenta otros factores, por lo que se trabajó con la *"Futura Delgada"*, en quien se le instaló la creencia positiva de alto puntaje VoC. Y en un momento dado de la sesión surgió que también había "una hormiga" que comía mucha azúcar, por lo que eligió un monito que representara a la hormiga; y luego de diálogos con esta, finalmente llega a una integración, nivel cero de perturbación y calificación máxima en su creencia positiva.
Por otra parte, el apodo, el sobrenombre, el "alter ego", el nombre artístico, y el Nick de un usuario en Internet, se desarrollan como subpersonalidades a las que hay que encontrar su Intención Positiva cuando intentemos integrarlos a una persona.

Este tipo de trabajo terapéutico se refiere a que los estados del yo son las también llamadas partes, divisiones, subpersonalidades o egos de una persona. Los psicoanalistas se referirán al Yo, Super Yo y Ello, los analistas transaccionales mencionarán el Niño, el Padre y el Adulto

Primero: Encontrar la proyección de cada estado a través de: Dibujo, Personaje elegido, Persona elegida, Carta de Tarot, Visualizarse a sí mismo pero, con ciertas características de nombre, actitud, ropa, etc., elegir una ficha, objeto, imagen, brainspot, mueble, juguete o monito; un color: etc. Cada estado del yo descubierto deberá ir acompañado de una creencia negativa, una emoción, una zona corporal donde se sienta o resuene esa emoción y creencia, y con qué imagen/recuerdo/trauma más antiguo de su vida lo asocia.

Segundo: Trabajar terapéuticamente con una o más técnicas, por ejemplo: Estimulaciones Bilaterales, EMDR, Constelaciones individuales, Sillas Gestalt, Terapía de Roles, Diálogo de Voces, Brainspotting, Cuento proyectivo creado por el consultante, etcétera. Aquí puede elegirse un escenario donde desfilen todos los estados del Yo, por ejemplo: un Teatro, un Cine, un Restorán, un Jardín, una Fiesta, etc. Y se les llamará por turno, para dialogar con ellos. Atentos sobre cuál lado aparece cada estado del Yo, cómo y dónde aparece, hacia dónde está mirando el consultante, vestimenta, qué edad tiene, cómo se llama, etc.

El terapeuta y el consultante tendrán que mostrar respeto, curiosidad y apertura ante cada estado del Yo, porque todos tienen una intención positiva.

Tercero: Finalizar con una integración impactante y metafórica de los estados del yo, por ejemplo: reunidos en un carro; sentados alrededor de una fogata en un bosque; sentados en la sala de la casa del paciente; parados en círculo, tomados de la mano y recitando una oración religiosa o espiritual; el consultante instalará la integración con estimulaciones bilaterales y con una posición integrativa usada en Psych-k mientras realice la integración de los estados de sus yoes; etcétera. Nota: los estados del yo sugeridos (a reserva que surjan otros) son: El Critico destructivo; El Agresivo-Violento; El Víctima; El Mediador; El Religioso-Espiritual; El Niño; El Adulto maduro; El Traumatizado; otros. En caso de que no tenga establecido el Estado de Yo Adulto Maduro, entonces hay que facilitarle que lo instale con estimulaciones bilaterales y posturas integradoras (Gancho de Cook y/o juntar los dedos) usadas en Psych-K. Hay que detectar cuáles estados del Yo son saboteadores o bloqueadores del proceso, para trabajar primero con ellos. Uno de estos suele ser El Agresivo, también El Traumatizado. Guiarse con las Escalas SUD y VOC. Además de apoyarse con Música Biolateral de Fondo.

2.8 RITUALES Y TERAPIA

Existen enfoques y técnicas que emplean rituales o mini-rituales, por ejemplo, algunos aspectos de las Constelaciones Familiares, la Terapia Gestalt, la Psicomagia, entre otros. Aquí mencionaré brevemente dos ejemplos:

DEVOLVER UNA PIEDRA U OTRO OBJETO (Innecken y Madelung, 2012).
Se trata de devolver a alguien algún objeto elegido para representar simbólicamente todo aquello que se ha venido arrastrando (a través de una piedra, una mochila u otro objeto). En cualquier caso, sólo puede usarse cuando el cliente está en contacto con su amor (sentimiento) primario por el progenitor en cuestión, o pueda alcanzar ese estado. El cliente se pone delante del progenitor y dice: *"He tratado de acarrear esto por ti, pero me resulta difícil. Yo sólo soy tu hijo. Te*

pertenece y debes llevarlo con dignidad. Te lo devuelvo con amor". El terapeuta siempre tiene que estar atento a las señales corporales e inconscientes del cliente, por ejemplo, si hay demasiada agresión presente, puedes sugerir la frase: "*Necesito un poco más de tiempo para poder devolvértelo con amor*".

LOS ACTOS PSICOMÁGICOS (Jodorowsky y Costa, 2011).

La Psicomagia es un arte terapéutico que se basa en la hechicería y en la magia antigua, pero también en el teatro: tres fuentes que usan acciones metafóricas. La Psicomagia emplea el lenguaje del inconsciente para dirigirse conscientemente a aquel de manera deliberada y organizada. Este camino es inverso a lo que hace el psicoanálisis y otras terapias. Es un trabajo sobre el futuro realizado en el aquí y ahora, sobre un nudo del pasado. Las metas habrán
de ser:
1.-Puesta en marcha del acto con la aceptación del consultante, y con sus propios medios.
2.-Satisfacer un deseo, una necesidad, una orden o una prohibición anclada en el inconsciente y aparentemente irrealizable.
3.-Desactivar una programación negativa, inyectada como metáfora, que el niño ha absorbido como si fuese real.
4.-Integrar una información concreta cuya carencia nos impide avanzar. Por ejemplo: conocer al fin lo que es el amor paterno (o materno), o guardar duelo por una persona de quien no se ha hallado su cuerpo.

La psicomagia pone en movimiento las cuatro energías del ser humano que pueden acercarlo a los cuatro principios de la magia: querer (intelecto), osar (centro emocional), poder (energía sexual y creativa), y callar y obedecer (vivir el acto asintiendo y sin exhibicionismo).
Jodorowsky descubrió que, aunque el intelecto de los racionales desconfía de estos actos, el cuerpo y el inconsciente sí creen y se benefician de esto.
Hay que tener mucho cuidado de tener un final fértil, reconciliatorio o dulce.
Por eso los actos psicomágicos de los Jodorowsky (Alejandro y Cristóbal) se caracterizan porque al final derraman miel, plantan una flor blanca o perfuman el sitio encima del lugar donde enterraron o dejaron algo negativo. Es que, si no se finaliza con un acto positivo (de fertilidad o reconciliación), el terreno se convertirá en un cementerio. En Terapia Gestalt dirían que hay que pasar del vacío infértil al vacío fértil.

Insiste Jodorowsky: "*Numerosos actos de psicomagia están relacionados con rituales de entierros. Simbólicamente, eso significa que un pasado mortífero puede reposar en paz o que una persona desaparecida puede hallar su última morada. Pero si, racionalmente, todos aceptamos la muerte como un final, el Inconsciente la considera de forma contraria: como un intervalo dentro de un ciclo llamado a regenerarse sin fin. Ésta es la razón de que, en psicomagia, no se entierre jamás a nadie sin plantar una maceta en el mismo lugar en que está la sepultura: así se podrá clausurar el acto en paz y sin culpabilidad, dado que una nueva vida crece sobre aquel a quien se acaba de enterrar. También en ciertos casos extremos, una persona puede llegar a escenificar su propia muerte, o por ser más precisos: la muerte de una antigua personalidad. A tal efecto, la persona podrá pronunciar su propio panegírico fúnebre ante los reunidos, tumbarse en un agujero cavado en la tierra y ser cubierto con ésta (excepto el rostro) para, con los ojos cerrados, dejar morir todo aquello que realmente no le pertenezca y después renacer a una vida nueva cambiando su nombre de pila. Se trata, pues, de dejar caer una piel ya muerta, como hace una serpiente, y materializar esa muda a través de un acto celebrado con testigos*".

Los rituales también son usados en ámbitos tan diversos como comunidades terapéuticas de farmacodependientes, cárteles de narcotraficantes, sectas, religiones, prisiones, etcétera.

2.9.- LA ALTERNATIVA DEL LUGAR SEGURO
En otro libro de mis libros ("Técnicas Energéticas y de Integración Cerebral") he escrito sobre la importancia de que el consultante establezca un "lugar seguro" (y que forma parte de los protocolos de EMDR), para contar con él cuando surgieran abreacciones excesivas o se considere que hay que detener el flujo emocional inaguantable para el consultante. Se dijo que es preferible que el consultante lo elija: una playa, un rancho, una parte de su casa, un jardín, entre otros.

Además de buscar un lugar seguro, también puede ser tener al lado (o en imagen mental o fotográfica) a una persona que proporcione seguridad al consultante. ¿Y por qué no? es de utilidad algún objeto que le brinde seguridad, por ejemplo, un colguijo, amuleto, moneda, estampa, pulsera, joya, etcétera (mascota no es recomendable, a menos que el terapeuta tenga las condiciones para recibirla).

2.10.- LA RELEVANCIA DE LAS SENSACIONES CORPORALES
Las sensaciones se suelen considerar como guías más certeros que las emociones. En Constelaciones, EMDR, EFT, Escena Fundante, y 'Experiencia Somática' de Levine, también coinciden que las sensaciones corporales, y no las emociones, son las claves para destraumatizar a una persona.
Las emociones, sentimientos y pensamientos varían con el tiempo o se enmascaran con otros, por eso no son tan fiables y nos pueden desviar del objetivo.

Christian Fleche y Philippe Levy (2014) mencionan que el Resentido primario (o sea, el volver a experimentar conscientemente algo traumático) se apoya en sensaciones, las cuales son ajenas a la voluntad, a diferencia de las emociones. Y una sensación es la implantación en el cuerpo de un evento, más lo sentido en ese momento, es decir, es la huella más profunda de una emoción.
Ejemplos de sensaciones corporales serían: ahogo, falta de aire, agrado/desagrado, dolor, frio-calor, incomodidad-comodidad, náusea, pánico, presión, peligro, tensión-relajación, aplastamiento, taquicardia, parálisis, olores, hinchazón, picor, lagrimeo, movimiento perturbador-no perturbador, temblores, electricidad, espasmos de sollozos, transpiración, rigidez, etcétera. Y hay que detectar en qué parte del cuerpo está la sensación.
Los recuerdos que permanecen como traumáticos, se almacenan como memoria implícita o sensorio-motora, y en forma de escenas. Y las imágenes se almacenan en el hipocampo.

2.11.- MÉTODO CIENTÍFICO PARA ENTRAR EN UNA EMOCIÓN
De acuerdo con sus investigaciones científicas realizadas desde la década de 1970 y con más de 100 publicaciones científicas, la alemana-chilena Susana Bloch asegura que 'Alba Emoting' es un método científico que permite expresar y modular a voluntad las emociones básicas. Agrega que es un proceso físico, directo, que consiste en la activación voluntaria, primero que nada de ciertos ritmos respiratorios y luego de ciertos músculos del cuerpo y de la cara, más ciertas actitudes posturales, todos ellos relacionados con una emoción básica dada.

Menciona: *"Cuando estos elementos físicos corporales se ponen intencionalmente en acción, empieza a surgir en la persona que los está produciendo el estado emocional que esta*

orgánicamente vinculado con ese tipo particular de configuración física. La persona puede en ese momento sentir interiormente esa emoción, por ejemplo, sentirse enojada o triste o alegre, pero al mismo tiempo que está provocando ese estado mediante un ejercicio externo preciso, perfectamente controlado, la persona tiene la posibilidad de modular, regular o terminar este ejercicio y por lo tanto dejar de sentir esa emoción.
Aunque le aparezcan recuerdos o imágenes de su propia vida, tiene el control sobre ellos; puede parar el proceso, dejando de hacer la respiración específica y haciendo luego el ejercicio especial descrito, que he llamado "step-out"".

Bloch afirma que, con previo entrenamiento, diez minutos es el tiempo promedio para entrar en un estado emocional. Añade que las seis emociones básicas encontradas por ella son universales, aculturales y agenéricas, aunque claramente se notará que la cultura terminará por influir en algún grado en la persona en su particular manera de expresarla. Entre sus descubrimientos, observó que la emoción de erotismo se presenta como activa en los hombres, y receptiva en las mujeres; además de que el miedo presenta las facetas de activo (preparación para huir) y pasivo (con inmovilidad o 'congelamiento').

Susana Bloch recomienda respirar la emoción de la ternura y manejarse entrando y saliendo de los demás estados emocionales (tristeza, alegría, erotismo, rabia y miedo), que tan útiles han resultados en talleres para actores; y comenta que Alba Emoting tiene enorme potencialidad en psicoterapia, sobre todo cuando un consultante tiene bloqueos o confusiones emocionales.

Del complejo conjunto de reacciones fisiológicas que ocurren en todo el organismo durante un estado emocional, Bloch y su equipo extrajeron con observaciones y mediciones, aquellos elementos que están bajo control voluntario, es decir, los ritmos respiratorios, la expresión de los rasgos faciales y las actitudes corporales (postura y gestos). Todos ellos tienen que ver con nuestra musculatura estriada (voluntaria), por lo que podemos regularlos o modificarlos conscientemente. Llamaron patrones efectores emocionales a estos conjuntos respiratorio-posturo-faciales prototípicos de cada una de las seis emociones básicas.

A continuación, se intentará sintetizar los patrones de 3 emociones básicos encontrados por Susana Bloch, para más información vayan al libro de la autora:

RABIA

*Patrón respiratorio: Ciclos rítmicos de alta frecuencia y de gran amplitud, predominando la respiración abdominal. Siempre la describe como una respiración en gráfica de "dientes de sierra". Se inspira y se espira por la nariz, dilatando y contrayendo bruscamente las fosas nasales.
*Patrón postural: El tono muscular está aumentado en todos los músculos del cuerpo, en particular en aquellos relacionados con una postura de ataque; los puños están contraídos, como dispuestos a golpear. El cuerpo entero y en especial la cabeza se adelanta, con el cuello contraído y las venas que parecen salirse de su cauce (¡como un toro que arremete!).
*Patrón facial: Los músculos faciales están en tensión, la mandíbula se contrae y los labios y dientes están apretados; arrugas verticales en la frente, los ojos están en tensión, debido a la contracción de los músculos palpebrales superiores e inferiores; la mirada, totalmente focalizada, se dirige al punto de ataque (mirada de águila; "miradas que matan"). Este aspecto es muy importante en la expresión de la rabia, puesto que, al localizar la mirada, la parte de la retina más rica en receptores (fóvea) permite ver con la mejor agudeza visual, el objetivo.

TRISTEZA

*Patrón respiratorio: Los movimientos sacádicos (entrecortados) en el llanto modulan la fase inspiratoria, el aire entra entrecortadamente por la nariz, y sale en una larga espiración por la boca abierta (como en un suspiro). Cuando el llanto arrecia, las sacadas entrecortadas también invaden la fase espiratoria (estallidos sacádicos) y se acompañan por sacudidas de los hombros.

*Patrón postural: El cuerpo se siente como pesado, doblado. En la pena el cuerpo está relajado y tiende a dejarse llevar por la gravedad. Una cierta laxitud corporal acompaña los movimientos convulsivos y espasmódicos del diafragma.
Los movimientos son lentos, se camina con dificultad. La tendencia es tenderse (recostarse en cama, suelo o mueble), cubrirse la cara y no hacer nada.
*Patrón facial: La cabeza caída, la mirada dirigida hacia abajo, como perdida, con los ojos semicerrados, sin un punto de fijación. El entrecejo está fruncido, con las cejas ligeramente elevadas en sus extremos internos. El llanto, es la expresión máxima de la tristeza.

TERNURA

*Patrón respiratorio: Un ritmo regular, de baja frecuencia y con espiraciones (exhalaciones) prolongadas; el aire entra y sale por la nariz, la boca está semicerrada y los labios relajados forman una leve sonrisa. La ternura es la única emoción básica durante la cual hay una baja de la frecuencia cardíaca: el corazón pulsa lenta y rítmicamente, acompañando la lenta y regular salida del aire.
*Patrón postural: Los músculos antigravitacionales están relajados (diafragma, glúteos, tríceps, y músculos de caderas). La actitud postural es de acercamiento. Forman parte del patrón activo el tocar suavemente, acariciar y sentir con las manos. Las vocalizaciones que se emiten son del tipo de susurros o sonidos de canción de cuna. El gesto, el comportamiento de ternura es hacia el otro. Es un comportamiento que se expresa hacia otra persona, hacia un niño, hacia un amigo, hacia un camarada; es la emoción de la amistad, del amor parental, del amor fraternal, de la gentileza, de la dulzura.
*Patrón facial: Los músculos faciales están muy relajados y la cabeza se inclina ligeramente hacia el lado. La ternura es un estado de paz, de relajación interna y externa.

2.12.- TIPOS DE SENTIMIENTOS

HABÍA UNA VEZ…
El ángel en su mundo etéreo observaba a los humanos y se preguntaba
¿Qué son las emociones? Puedo ver que, ante ciertas circunstancias,
los humanos derraman agua de sus ojos o que las comisuras
de sus labios se repliegan hacia arriba mostrando los dientes
y que sus ojos brillan. También sé que colocan sus brazos
alrededor de otros seres humanos y dicen sentirse bien;
hablan de alegría, de tristeza, de dolor, de pasión, de excitación
y entonces sus rostros se contraen, su piel cambia de color.
Su cuerpo habla… su cuerpo. Creo que por eso
los humanos tienen un cuerpo material: para poder vivir lo que llaman
emociones, para poder experimentar la vida,
para poder expandir su alma y el alma de los demás.
Eso pensaba el ángel, pero nunca lo supo de cierto.

Las emociones y sentimientos no son cien por cien fiables para detectar el origen de un conflicto o problema, porque pueden ser secundarias y hasta transgeneracionales.
Según Sergio X. Vázquez Martínez: Sentimiento es = (Emoción) + (Mi historia).

Según Bert Hellinger, los sentimientos pueden ser:
***Sentimientos primarios:** Amor, afecto profundo, furia, miedo. Asociados a movimientos de apertura. El consultante suele tener los ojos abiertos y revivir los recuerdos asociado con conciencia en el presente, fortaleciendo y acercándonos a una solución.
Sus creencias suelen ser positivas o propositivas, acompañadas frecuentemente con (o en ruta a) asentimiento, perdón y aceptación.

***Sentimientos secundarios:** Depresión, rechazo, odio, rencor. Asociados a movimientos de retracción, traumas y a movimientos interrumpidos de apertura.
Los sentimientos secundarios, al estar caracterizados porque el consultante cierra los ojos y está disociado en su pasado, sin suficiente conciencia y debilitándose; se le puede interrumpir este flujo, logrando que abra sus ojos para que reprocese eso con alguna técnica desensibilizadora o de otro tipo. Los sentimientos secundarios no contribuyen a la solución, nos desvían de ella, y las creencias que los acompañan suelen ser negativas. En el Análisis Transaccional les llaman "rebusques". Impiden la acción, debilitan, duran más tiempo de lo normal y mientras más se expresan, más empeoran; son dramáticos pero, al mismo tiempo, falsos.

***Sentimientos adoptados o trans/generacionales:** Se viven como ajenos al Yo. Se entienden en cualquiera de las dinámicas ocultas: "Yo en tu lugar", "Cargar la culpa", y "Te sigo". Los hijos adquieren los sentimientos de otros miembros de la familia; todo sentimiento importante que haya sido reprimido será asumido en el futuro por otro miembro. Son sentimientos ajenos. Ejemplo: la tristeza que vivió la abuela materna al ser abandonada por su marido, la siente la nieta.

***Metasentimientos:** Son experiencias que Bert Hellinger cataloga como espirituales, de éxtasis o místicas, como el satori. Son espontáneas y de corta duración, suelen estar relacionadas con la vida, la creación y con Dios. Son sentimientos sin emoción, pura fuerza concentrada. Ejemplo: el valor, la humildad (asentir la vida como es), el amor, la serenidad, el arrepentimiento, la sabiduría.

2.13.- LA ESCENA FUNDANTE

Afirman los Solvey Pablo y Raquel: "*Llamamos Escena Fundante a una escena del pasado remoto de la persona que simboliza o representa la esencia, el molde, la llave o el código secreto para resolver un síntoma / conducta / creencia negativa. Suele ser una escena de los primeros años de vida, aunque en algunas ocasiones puede ser más tardía, incluso de la adolescencia, y su característica es que no presenta ninguna relación evidente con el síntoma, motivo de consulta. La vía más rápida que nos lleva a la Escena Fundante y a la solución de la patología, son las sensaciones corporales, las cuales hay que buscar cuidadosamente*".

La denominada "Escena Original" no es la Escena Fundante", no confundirlas, ya que la primera suele ser una Escena Alimentadora' o secundaria a la verdadera Escena Fundante. La Escena Original es la que el consultante cree haber identificado conscientemente como la causa, sin embargo, la mayoría de las veces se ha comprobado (al no haber resultados totales, solamente parciales) que no es la Fundante. Los Solvey mencionan 11 reglas para la técnica de la Escena Fundante:

Regla número 1: No buscarla (la Escena Fundante) activamente en la memoria.

Regla número 2: Centrarse en las sensaciones corporales que el tema / síntoma despierta en el Ahora, no en el pasado.

Regla número 3: Si la escena hallada contiene el problema o síntoma actual, no es la escena fundante, responsable del síntoma. Es decir, las sensaciones de la escena fundante no pertenecen al síntoma actual. Ejemplo: la sensación de manos húmedas pertenece a la hiperdrosis (humedad excesiva) actual, sin embargo, una sensación corporal de la escena fundante puede ser dolor en el pecho, o sea, nada que ver con la hiperdrosis.

Regla número 4: No pueden coexistir causa y efecto simultáneamente. Las sensaciones corporales de la escena fundante son diferentes a las sensaciones corporales del síntoma o patología actual.

Regla número 5: Usar escenas específicas y descartar las genéricas. Las escenas fundantes suelen encontrarse en recuerdos de fotografías impactantes, eventos impactantes (accidente, castigo, drama, duelo), trauma vicariante (impacto negativo de algo que escucharon, vieron o les contaron), y hasta sensaciones de experiencias pre-verbales de los primeros años de vida, donde a veces ni imágenes del recuerdo aparecen.

Regla número 6: Descartar las emociones que aparezcan, centrarse solamente en las sensaciones físicas.

Regla número 7: Priorizar las escenas más vívidas. A veces, la escena fundante no es necesariamente traumática, y hasta el propio consultante la puede descartar, le suele restar importancia y hasta calificarlas con mediana perturbación. Hay que estar atento a las escenas que califique como más vívidas (intensas o claras al recordarlas). Si no se tiene certeza de cuál de las dos o más escenas sospechosas ha de ser la fundante, entonces trabajar con cada una de esas escenas.

Regla número 8. No descartar escenas felices o neutras. Porque ante una escena aparentemente feliz o neutra, se puede esconder un drama.

Regla número 9: Si se tiene sólo una sensación corporal, es suficiente para hallar la Escena Fundante.

Regla número 10: Es indiferente que la escena sea verídica o producto de una distorsión de la memoria es suficiente que sea real para el sujeto.

Regla número 11: Una escena no tiene que ser propia para generar o mantener una patología. Es lo que se señala en la regla 5 sobre los traumas vicariantes.

En conclusión, la Escena Fundante es la esencia que simboliza el origen clave de un transtorno actual, y están unidos por un hilo de inconsciencia, hay un desplazamiento, pero no es de corte psicoanalítico. Al principio del proceso terapéutico, el consultante definirá su motivo de consulta y describirá escenas elegidas, sin embargo, entre consultante-terapeuta tendrán que encontrar la Escena Fundante. El transtorno actual es diferente en características a la escena fundante, el primero es la figura, la segunda es el fondo. Hay que trabajar con el fondo, con la escena fundante, sobre todo con la sensación o sensaciones corporales que están ahí, y que con arte, intuición y paciencia tendremos que encontrar y luego trabajarlas terapéuticamente, pudiéndose encontrar que una fobia actual a los perros enmascare un celo añejo por la llegada de un hermanito; que una fobia a los gatos oculte los abusos sexuales de un abuelo a su nieta; o que una hiperdrosis actual tenga de fondo que hace muchos años se sufrió la angustia de ver que una compañera de clase fue regañada brutalmente.

2.14.- LA IMAGEN INICIAL O PROBLEMA

La "Imagen Problema" la podemos encontrar en una constelación familiar grupal o individual, representada con personas, sillas, muñecos, plantillas de fomi, o algún otro material donde se visualice (para el consultante y para el facilitador) claramente el atore, conflicto, problema o dinámica oculta.

Hay casos -los menos-, donde basta que el consultante vea por sí mismo la imagen problema para iniciar el darse cuenta y trabajar la solución. Hay quien dice que teniendo clara la real problemática, se tiene gran parte de avance en la posible solución. Sin embargo, como veremos más adelante, encontrar el verdadero problema no es tan fácil, porque este se halla en el fondo de la muñeca rusa, en la cara verdadera del artista que se va cambiando máscaras en un espectáculo y hasta el final la muestra. La llaga que yace en el fondo se esconde entre varias figuras que distraen: enfermedades, transtornos, síntomas, justificaciones, lamentaciones, rencores, creencias negativas (mentiras creídas como verdades, culpas, rechazos), etcétera.
Aclarar que la 'Imagen de la Figura' (Supuestamente la Original) tiene emociones y sensaciones diferentes a la 'Imagen de Fondo' (Imagen Problema, Escena Fundante o Verdadera para la Terapia, ver el subcapítulo anterior).

¿Cómo nos damos cuenta si estamos ante la verdadera Imagen Problema o Escena Fundante? Una aproximación es calibrarla con algún Test de verificación muscular kinesiológico, otra manera nos lo indicará el resultado de las aplicaciones que hagamos, al calificar el consultante cuánta perturbación queda, sumado a las observaciones que haga el terapeuta.

A la "Imagen Problema' hay que detectarla, calibrarla, describirla, desensibilizarla, transformarla, configurarla y reconfigurarla.
***Detectarla:** Según lo encontrado en el ámbito clínico por Tivisay Guerrero, se tiene que: Si el conflicto del paciente fue con el padre del mismo sexo (madre e hija; padre e hijo), presentará una imagen de mujer u hombre distorsionada en su Programa Raíz (Inconsciente e infantil). Si el conflicto fue con el padre del sexo opuesto (madre e hijo; padre e hija), manifestarán sus conflictos principalmente con la pareja. También se puede detectar buscando la "Intención Positiva" del Paciente Identificado, excluido, perpetrador u "oveja negra". Una vez detectada la imagen problema, se detecta la emoción/sentimiento/sensación/creencia principal y luego entonces emergen y se detectan las polaridades de estas.
***Calibrarla:** Hay que calibrar la congruencia de lo detectado (en el paso anterior) con nuestro inconsciente, a través del Test de Verificación Muscular. De haber debilidad (incongruencia), se tendría que revisar qué es.
***Calificarla:** Darle un valor en una Escala de Perturbación del 0 al 10, donde 0 es ausencia de perturbación, y 10 es la máxima perturbación que se puede sentir. Es decir, usar la Escala USP (Unidades Subjetivas de Perturbación).
***Describirla:** De manera fenomenológica, teniendo cuidado el terapeuta de no interpretar o enjuiciar. Identificando los fenómenos verbales, no verbales y paraverbales, así como detectar dinámicas ocultas o elementos clave para determinado enfoque terapéutico.
***Desensibilizarla:** A través de Técnicas Energéticas y de Integración Cerebral, o de otro tipo (Gestalt, Cognitivo--Conductuales, PNL, entre otras). Es muy importante aclarar que la desensibilización del problema (con Técnicas Energéticas y de Integración Cerebral, principalmente) es compatible y complementaria con la sensibilización que la Terapia Gestalt hace en la persona al facilitar su reestructuración. Ya he comentado en otro libro que Claudio Naranjo y

Serge Ginger (que en paz descansen ambos, recomiendan al EMDR como una técnica complementaria a la Terapia Gestalt).

***Transformarla:** Mediante reestructuración de creencias, manipulación de submodalidades, entre otras técnicas.

***Configurarla y reconfigurarla:** Con movimientos de los representantes, tendientes al orden familiar. Con perspectivas de varias posiciones perceptuales.

Comenta María Colodrón sobre las imágenes en constelaciones individuales:

"Las representaciones o imágenes que se pueden realizar a partir de uno o varios muñecos son de tipo metafórico, espacial y relacional. De esta manera permiten la exteriorización, proyección y reformulación de los asuntos que el cliente trae a la consulta. Este tipo de representación abarca distintos niveles de análisis simultáneos, pudiéndose elegir uno o varios de ellos a la hora de enfocar un trabajo: nivel intrapersonal, nivel interpersonal y nivel sistémico".

2.15.- LA IMAGEN SOLUCIÓN

La "Imagen Solución" surge normalmente de los mismos materiales o métodos usados con la "Imagen Problema". Tiene que estar en consonancia con el motivo de consulta, no con los conflictos o asuntos inconclusos diferentes que puedan surgir en una constelación o sesión y que no abonen al motivo de consulta. Como parte de la imagen solución una de las metas es haber integrado las polaridades encontradas de emoción/sentimiento/sensación/creencia. La Imagen "Solución" puede presentarse como algo que se puede calificar como feliz, infeliz o sin solución (inconclusa).

Menciona Gaveto (2011) que: *"La imagen de solución no tiene por qué ser (siempre) completa, o estática. Puede ser un final en movimiento, que podríamos decir "incompleto", pero que yo prefiero llamar "en proceso". Por ejemplo: el representante del cliente se dirige hacia la vida, o hacia el futuro, y lo hace con decisión o con alegría. ¿Vale la pena, en tal caso, que sigamos esperando que suceda todo lo que la vida o el futuro pueden depararle? El terapeuta no está obligado a "dar" soluciones "finales" en ningún caso. Hay que respetar lo que hay. A veces surgen dificultades en una constelación por falta de información, a veces es la falta de "permiso" (del Alma Familiar) para decirla. Y cuando el cliente se niega a reconocer lo que se muestra, nunca discuto con él ni explico lo surgido, solamente le pregunto si quiere continuar o no, o simplemente señalarle: "Esto es lo que aparece".*

Á la "Imagen Solución hay que calificarla, reconfigurarla, calibrarla, verbalizarla, instalarla, anclarla, incorporarla al corazón.*

Calificarla: Darle un valor en la escala de Perturbación del 0 al 10, donde ya señalamos que 0 (cero) es ausencia de perturbación, y 10 (diez) es la máxima perturbación que se puede sentir. La meta es llegar al valor cero.

Reconfigurarla: Afirma Colodrón: *"Junto a los procesos de integración y de toma de responsabilidad sobre el propio cambio, considero fundamental, especialmente en las sesiones de asesoramiento, ayudar al cliente a encontrar una buena posición o lugar de fuerza dentro de su sistema familiar, organizacional o sociohistórico. En este proceso es de gran ayuda apoyarnos en los órdenes (y no perder de vista los desórdenes) explicitados por Bert Hellinger: quién está excluido, quién se coloca por encima o por debajo, cómo se da y cuánto se toma. El nacimiento y la muerte son los principales sucesos que vinculan a las personas entre sí (padres-hijos, y perpetradores-víctimas). Y el colocar uno o varios ancestros atrás del representante del cliente le proporciona fortaleza, sobre todo en casos difíciles".*

Calibrarla: Si se llegó al valor cero en la Escala USP, hay que calibrar la congruencia de esto con nuestro inconsciente, a través del Test de Verificación Muscular. De haber debilidad (incongruencia), se tendría que revisar qué es lo que está saboteando o ganando secundariamente que obstaculiza la completa solución, o si simplemente es que el Alma Familiar no permite más el flujo.

Verbalizarla: Una vez calibrada la congruencia de la imagen solución, es importante crear una creencia nueva a través de una frase breve, o que incluso se pudo haber creado con la polaridad de una creencia negativa al principio de la sesión. Para comprobar si una creencia está conectada a una imagen, se puede hacer a través del test muscular kinesiológico.

Instalarla: La creencia nueva se puede instalar con Estimulaciones Bilaterales en movimientos oculares (estimulaciones auditivas o kinestésicas), o a través de Ejercicios de la Técnica de Henry Grayson, Ejercicios "Nudos" y "Gateo cruzado" de Luz Ibarra, el mudra Hakini (tocarse las yemas de los dedos entre ambas manos), Ejercicios de *Brain Gym* Dennison "Marcha Cruzada" y "Gancho de Cook". Es interesante saber que entre los Ejercicios de *Brain Gym* de los Denison, la Gimnasia Cerebral de Luz Ibarra, la Técnica de Henry Grayson y las diferentes Estimulaciones Bilaterales, se puede elegir uno o más ejercicios relacionados con la parte del cuerpo que se crea pertinente. Por ejemplo, si se trabajó algo asociado a voces, ruidos o algo que se escuchó, entonces se sugiere elegir un ejercicio donde esté estimulada la oreja (como el "sombrero de pensar" del Brain Gym, o estimulaciones bilaterales en las orejas u oídos) para instalar la nueva creencia); si lo que se trabajó está relacionado con la boca, por insultos, maltrato, o accidente, se tienen ejercicios en Brain Gym como los "botones de tierra" y "bostezo de energía"; si es algo relacionado con la cabeza en cuanto a pensamientos o creencias, se sugieren los ejercicios de Henry Grayson o el ejercicio de integración cerebral usado en Tapas Fleming (TAT); si es algo relacionado con lo visual, entonces se sugieren movimientos oculares, barridos visuales del panorama (EMI), tapping bilateral a un lado y debajo de los ojos.

Además de instalar una creencia positiva, también se puede instalar una escena agradable, un VAK a futuro (con técnicas PNL), un decreto o una afirmación; una meta, objetivo o propósito; un entrenamiento laboral, deportivo o de otra índole, entre muchas más situaciones que queramos.

Para instalar algo, hay que cerciorarnos que quedó adecuadamente instalado, esto se puede comprobar con un test de verificación muscular, o también mediante alguna escala subjetiva (VoC, Validez Cognitiva, por ejemplo) donde el consultante califique el grado de lo que instaló.

Kampenhout (2007) asegura que: *"En unas Constelaciones Familiares, los movimientos de sanación se detienen a causa de la debilidad de un representante. Una de las soluciones posibles es aportar un linaje ancestral agregando uno o varios representantes a la Constelación Familiar. Cuando un hombre necesita fuerza, se eligen representantes masculinos; cuando es una mujer, se necesitan representantes femeninas. 3 ó 4 personas del mismo género se paran en hilera detrás del que está débil. Y uno de los principios importantes en la sanación chamánica es que una imagen sanadora creada durante un ritual no debería ser almacenada en la personalidad sino en el alma"*.

Anclarla: Usar submodalidades (PNL) para este efecto, relacionadas con el canal trabajado (¿visual, auditivo, táctil, olfativo, gustativo?). Algunos pueden "inhalar" la imagen, apoyándose en algún perfume o aroma elegido. Otro puede apoyarse en alguna canción o música. Puede usarse alguna imagen o fotografía, o usar la imaginación para "fotografiar" la imagen solución que se muestra con los representantes. O simplemente sincronizar sus sentidos al máximo para "absorber" la imagen.

Incorporarla al corazón: Karl Dawson, creador de la *Reimpronta Matricial*, recomienda que la nueva imagen positiva se introduzca en el corazón, habiéndola intensificado en los colores de su contenido y en las emociones asociadas con ella. Luego, la nueva imagen se transmite desde el corazón hacia La Matriz (El Campo, diría Lynn McTaggart): Por otra parte, en la Reimpronta Matricial se invita al ECHO (Holograma de Conciencia Energética) transformado, a crear comunidad o unión en la nueva imagen. Esta puede incluir familia y amigos, figuras respetables, figuras religiosas y espirituales como Jesús, Buda y los ángeles, mascotas y animales de poder, etcétera, para crear la sanación. En la gran mayoría de los casos el yo de mayor edad del consultante es suficiente para crear esta sanación.

Recursos extras: Hay quienes usan metáforas en cuentos cortos o frases que están en sintonía con la imagen final y para hablarle al inconsciente del consultante. María Colodrón, señala que sus trabajos con los muñecos suelen concluir con visualizaciones guiadas para facilitar la resolución del conflicto en el paciente y reprogramarlo.

Dice Ursula Franke que, para que aparezca la Imagen Solución (Imagen Interna Fortalecedora) a veces pueden haber pasado varias semanas desde que se inició a trabajar. Agrega que cuando se termina una sesión y no se ha encontrado una Imagen Solución feliz, entonces se puede recurrir a lo siguiente:

1.-Imagen de una persona de su sistema familiar que ya lo está reforzando y apoyando, detrás de él.

2.-Tomar una distancia adecuada de la Imagen Problemática, después de haber hecho una reverencia a los padres.

3.-Enfocarse en su percepción corporal, y en sus exhalaciones.

Yo agregaría otras más:

4.- Gratitud y respeto. Agradecer al Campo (Alma) familiar su información que nos compartió, independientemente del resultado.

5.- Estimulaciones Bilaterales verticales usadas en Alba Emoting, mirando hacia arriba mientras se inhala, y al bajar la mirada ir exhalando, se le puede ayudar al consultante pidiéndole que siga dos dedos de nuestra mano mientras la subimos y la bajamos.

6.- Cerciorarse que los representantes honren a quien representaron y al final de la sesión le devuelvan la energía trabajada para su allá y entonces, y ellos puedan volver a su aquí y ahora.

7.-Los representantes y el consultante pueden recibir al final una relajación guiada o se les puede guiar en autoaplicación con la técnica 'Toca y Respira' (Touch and Breathe, TAB), es decir, tocarse puntos energéticos con intención, frase de afirmación y respirar profundamente.

8.- Que el consultante escriba una carta con sus compromisos, reconciliación, aprendizajes, lo que se da cuenta, nueva creencia, sensación, sentimiento, actitud y comportamiento, etc., a partir de la imagen solución.

9.- Prescribirle un acto psicomágico, en caso de que se considere necesario, sobre todo si la imagen quedó infeliz o inconclusa.

10.- Procurar que el consultante se lleve en su teléfono celular una fotografía de la imagen solución trabajada en la sesión, sin importar si fue con personas, sillas, monitos o fichas.

Bert Hellinger ha recomendado no platicar sobre la constelación en que se participó como consultante o representante, para evitar que se pierda la energía y le reste fuerza a la constelación. Jodorowsky (2011) menciona que: *"Después de haber realizado el acto psicomágico, la última fase es la más difícil y por tanto la más sencilla; el silencio. Callar y obedecer. Al comprender que las palabras no son la realidad y que el pensamiento es el enemigo del reencuentro con uno mismo, tomamos la decisión de detenerlo para respetar la vida, para percibir y para agradecer. Callarse es, asimismo, no debatir, dejar de negar y aceptar recibir los frutos del acto psicomágico"*.

Explica Castillo (2015): *"Al final de la terapia individual, obsequio uno o varios de los figurines de madera que utilicé para hacer la Constelación Familiar. He observado que con ellos se produce un anclaje maravilloso. Por lo general obsequio los figurines que representaron a los excluidos, porque ellos son los miembros que tienen más poder, son como los malos de la historia, los que tuvieron que salir de la familia consciente o inconscientemente. La importancia de estos miembros se debe a que, por ser excluidos, las generaciones siguientes se arrogan el derecho de seguir expiando por ellos, pero no precisamente por sus buenas características, sino por las que justamente ocasionaron su exclusión. La verdadera fuerza está contenida en los perpetradores. Estos figurines generan una conexión muy profunda. Hay gente que abraza a los figurines, otras personas los mecen, otras los besan y hasta los utilizan como imagen de sus nuevos proyectos. Pero todos estos movimientos hacen que resalte el miembro que no está incluido en esta familia particular. En el momento que establezco ese diagnóstico, centro mi trabajo en el rescate de esa figura. No usamos "perdonar", porque cuando perdonamos transferimos la culpa. Si yo me siento culpable de algo, perdono al otro. Tampoco usamos "aceptar", porque entonces pasamos a ser víctimas. El objetivo es "reconocer lo que es".*

Retomando a Innecken y Madelung (2007), dicen que: *"cuando observan una imagen de resolución en una constelación con representantes, o trabajando con una imagen familiar, muchos clientes tienden a decir: "¡Qué maravilloso, si hubiera sido así...pero no fue así! Muchos lo entienden mejor cuando se les explica que el nivel de los órdenes relacionales puede ser diferente de la realidad biográfica, y que la resolución a este nivel reside en reconocer los órdenes básicos. Podrías hacer comentarios como: "Esta configuración que has puesto aquí es una realidad surgida de tus experiencias personales de esta familia. Sin embargo, hay una realidad subyacente que de algún modo es diferente y tiene más consecuencias. Hay un padre, una madre, sus hijos y con otros miembros de la familia, y esta estructura de relación mantiene cierto orden que tiene un efecto en todos, tanto si lo saben y lo reconocen como si no".*

Fritz Perls, citado por John O. Stevens (1993) señala: *"Ir desde el juego de los opuestos a la unidad. Retorno a casa en lugar de vagabundeo. En muchos aspectos, la resolución puede parecer tan agradable, suave y sencilla que desconfiamos de ella y con nuestro cuestionamiento deshacemos su quietud".*

2.16- ACTITUD METAGENEALÓGICA DE JODOROWSKY

*"La persona que repite los objetivos del árbol genealógico,
e incluso aunque los alcance, siempre estará insatisfecha,
deprimida, autodestruyéndose o hasta llegar al suicidio.
Para progresar es necesario un objetivo
que una nuestros mundos interior y exterior,
a través de nuestra identidad verdadera".*
Alejandro Jodorowsky

Afirma A. Jodorowsky: "La actitud metagenealógica consiste en situarse mucho más allá tanto de la cólera sin resultados como del perdón intelectual.
Nuestro fin es comprender por qué y cómo pudieron emerger esas falsas soluciones, qué repeticiones familiares, sociales y culturales, están interviniendo y cuál podría ser, desde una perspectiva ideal, la actitud de un adulto, enfrentado a los obstáculos que se manifiestan en su árbol genealógico. Preguntarnos cuál era el nivel de Conciencia que tenían nuestros ascendientes en el momento en que sucedieron los hechos y cuál podrían haber tenido si hubieran actuado en

un nivel de Conciencia superior (independientemente de sus circunstancias sociales, económicas e históricas, que determinan en cierta medida los límites de la libertad individual)".

Para **elaborar un árbol genealógico**, Alejandro Jodorowsky se basó primero en la Alfombra Mágica de Pierre Derlon, la cual luego modificó agregándole una línea vertical y tres líneas horizontales, lo que daba un rectángulo vertical con ocho espacios, 4 a la izquierda y 4 a la derecha.
En este rectángulo, en los dos cuadros inferiores se coloca la información sobre la Primera Generación del consultante: relaciones con sus hermanos y hermanas, hermanastros, medios-hermanos. Y este nivel se asocia con piernas, rodillas, pies, vida material, necesidades, formación infantil; salud, trabajo, territorio, ciudad natal, parto, abortos; antes, durante y después del nacimiento.
Los siguientes dos cuadros (en orden ascendente), o segundo nivel, se asocian con la Segunda Generación: educación sexual recibida de sus padres y padrastros. y las relaciones entre los padres y su (s) hermanos (as), o sea, con los tíos maternos y paternos. Y con las partes corporales: cadera, glúteos y genitales; deseos sexuales y creativos.
La Tercera Generación: tórax, abdomen y espalda; vida emocional y sentimientos; importancia de los abuelos maternos y paternos, además de los tíos abuelos que transmiten los logros y fracasos amorosos a los padres, y éstos a los hijos.
Cuarta generación, los dos cuadros en zona superior del rectángulo vertical: cabeza, vida intelectual, ideas, valores, moral, religión y creencias. Ideas absurdas y caducas transmitidas por los bisabuelos, basadas en algún libro religioso.
Tomar esto como guía en la recolección de datos nos puede permitir descubrir algunos 'nudos' personales o familiares.

2.17- SOBRE LAS PERSONALIDADES
La clasificación por Grupos A, B y C, proviene desde el Manual DSM-IV, y se mantiene en el DSM-V. Tomando estas 10 etiquetas como guía, señalaré mis breves observaciones sobre cada transtorno de personalidad.

GRUPO A: raros y excéntricos, en ocasiones pueden agravarse y derivarse en transtornos psicóticos:
Paranoides: Complicados para aceptar el abordaje terapéutico, hay que establecer un gran rapport, y de manera permanente.
Esquizotípicos: A veces son fanáticos religiosos, demasiado supersticiosos o hasta mitómanos. Es más frecuente en hombres.
Esquizoides: Aislados, excéntricos, abúlicos (aflojerados) en ocasiones. Puede ser un hijo no deseado o tener falta de espiritualidad.

GRUPO B: dramáticos, emocionales o erráticos:
Antisociales: No confundir con los asociales (tímidos). Pueden ser asesinos seriales, estafadores, delincuentes de cuello blanco, algunos pandilleros, sicarios.
No muestran arrepentimiento de sus actos crueles. Manipuladores, y crecieron en familia disfuncional. Parece que nacen con disfunciones en sus estructuras límbicas-emocionales. De pronóstico desfavorable, aún así, pueden tener ciertos avances en algunas áreas de su vida, algunos dejan de asesinar.

Límites (Borderline): Los limítrofes, por estar al borde de la neurosis, cerca de la psicosis. Suelen tener traumas complejos por vidas trágicas, que les ocasionan vacíos existenciales y hasta intentos suicidas. De difícil tratamiento terapéutico por lo complejo de su situación. Hay que tener mucho cuidado y precaución (incluso apoyarse de un enfermero) ante la probabilidad de que se autoagredan durante una sesión. No se sugiere que los atiendan terapeutas con poca experiencia. Una personalidad borderline es seductora, por eso es mejor que con estas personalidades se haga trabajo en grupo o sea atendido por una persona del mismo sexo. Y es pertinente reflejarles mucho (frases y movimientos), sin confrontarlos porque se disocian o autoagreden. En esta personalidad es posible que haya existido abuso sexual. Volubles e impulsivos.

Histriónicos: La diferencia entre el histriónico y el borderline, es que el primero suele querer atraer la atención de los demás, mediante dramas, exageraciones y a veces con amenazas de autoagredirse. Suelen intentan manipular, coquetear o seducir a los demás, aunque su fin no es necesariamente sexual. En ocasiones intentan sabotear la terapia, coqueteando con el terapeuta.
A veces un rasgo en ellos es una falsa alegría con una permanente "sonrisa histriónica". Algunos de ellos somatizan sus conflictos y vivieron de niños un abandono o recibieron poco afecto. Antes llamada personalidad "histérica", otros hasta lo separaban de la "neurosis histérica". Con ellos, hay que trabajar lo corporal, la kundalini y la sublimación en ayudar al prójimo (esto se aplica en monjas, por ejemplo). Es más fácil trabajar con una histriónica que con una obsesiva. La persona histriónica está en la etapa oral. A veces se refleja el histrionismo/histeria en transtorno de conversión, paro cardiaco o cáncer.
Cuando una persona histérica está gritando, hay que decirle que le ponga nombre a eso. Este transtorno ocurre más en mujeres que en hombres.

Narcisistas: Con rasgos de arrogancia y soberbia, hay que facilitar que vean en el espejo sus puntos ciegos, su inseguridad y miedo, es decir, sus polaridades.
Hay que pescar estas "barracudas". A veces cuestionan la terapia y al terapeuta, creen saber más. El narcisista tiene un exceso de amor hacia sí mismo, proporcionalmente a la carencia de amor que siente hacia los demás. Esto es funcional en un niño, y no en un adulto. Hay un egoísmo para que los demás se parezcan a nosotros, o hay falta de empatía: además de "miopía" por reconocer solamente lo propio como lo mejor. Hay que revisar si existió narcisismo en alguna de las figuras parentales.

GRUPO C: ansiosos o temerosos:
Obsesivos-compulsivos: Meticulosos, ansiosos, pueden funcionar en trabajos que requieran paciencia, clasificaciones, observar detalles, tienen apasionamiento y entrega. A veces, sus rasgos se relacionan con otros transtornos como en los acumuladores de objetos, adictos, bulímicos, anoréxicos, etcétera. Al obsesivo se le dice que respire y que cierre los ojos (se le dificulta ambas cosas). Son, o muy pulcros, o muy sucios, y tienen problemas para evacuar. Los obsesivos a veces son agresivos, desconfiados y muy resistentes. En la compulsión existen 2 fuerzas opuestas entre sí, en una lucha, y una se impone. En un duelo inconcluso o algo sin cerrar, hay una tendencia a la compulsión (repetición).

Evitativos: Hay que trabajar sus inseguridades, sus traumas, ansiedades, fobias, miedos. Lograr que hagan contacto, que cierren asuntos inconclusos, afronten lo que evitan, para qué lo hacen, cómo aprendieron a evitar.
Susceptibles de las críticas o cuando los evalúan en cualquier ámbito.
Autoevaluación social baja.

Dependientes: Suelen tener apegos, codependencias, adicciones, relaciones destructivas de pareja y de amistades. Miedo al abandono, a la separación, a lo desconocido. Sumisión, da mucho más de lo que recibe. Prefiere no tomar decisiones, dejar que otros las tomen por él o decidir lo que otros le digan.
Autopercepción de incapacidad.

-Algunas personas pueden ser catalogadas como personalidad mixta, por tener rasgos de dos o más transtornos de personalidad.

3.- TERAPIA GESTALT

3.1.- CONFRONTACIÓN EN TERAPIA GESTALT

La Maestra en Terapia Gestalt, Ruth Díaz Alcalá, con más de 17 años de experiencia como psicoterapeuta, y que en su estilo terapéutico suele usar la confrontación, nos comparte lo que ha tenido de experiencias en cuanto a este tema (comunicación personal, 2019):

En el poema de Virginia Satir llamado "*Yo soy yo*", nos regala una visión poética sobre la integración del yo. Puntualiza: "*Todo lo que surge de mí es verdaderamente mío...Incluyendo todo lo que mi cuerpo hace... Mi mente incluyendo todos sus pensamientos... Mis ojos incluyendo todo lo que contemplan... Mis sentimientos sean lo que sean... Mi boca y todas las palabras que de ella salen...*".

Al asumir esta responsabilidad entonces podemos con mayor facilidad mejorar nuestro desarrollo personal, permitiendo la integración de todas las partes de mi YO. Para mí, es aquí donde la confrontación es una herramienta muy eficaz que nos permite poner sentimientos y acciones en una misma sintonía.

Utilizar la confrontación en primera persona permite responsabilizarse de sus actos, evitando hacer caso omiso a la negación evidente de sus sentimientos y sus responsabilidades ante lo que hace. La confrontación es una técnica directa que permite al individuo ser honesto y genuino con su sentir, táctica que deberá ser utilizada en el momento exacto que la persona necesita; es decir, la confrontación necesita un nivel de comunicación claro y objetivo, que permite con la práctica facilitar la observación y la evaluación de la hipótesis que se va generando durante la intervención psicoterapéutica.

Al trabajar con personas privadas de su libertad, esta herramienta tiene que ser utilizada con mucho detenimiento y cuidado, pues es probable que la persona no esté lista para el impacto emocional que arrojará dicha interpretación. Si tomamos en cuenta que la persona puede estar limitada o empobrecida en el manejo de sus emociones, si tiene una conexión pobre con la realidad o mecanismos de afrontamiento que son de baja calidad, entonces la persona debe tratarse con respeto y a su propio tiempo.

La confrontación en grupos terapéuticos impacta sobre todo en las personas privadas de su libertad, debido a que entre ellos hacen un grupo "colchón" en donde su propia jerga o caló penitenciario. (forma de expresarse verbalmente) crea palabras que entre ellos explican dicha confrontación, por lo que es muy importante que el profesional no pierda de vista el propósito de dicha confrontación, ya que la respuesta empática de un solo momento no garantiza un buen resultado, ya que si esta es prematura a un buen rapport y a la creación de empatía, esta intervención podría terminar generando sentimientos y actitudes negativas, destruyendo el objetivo de la intervención quedándose la persona con enojo y/o frustración.

En la Terapia Gestalt, la confrontación es un apoyo que consiste en reforzar las expresiones auténticas del cliente o paciente, esto significa que el terapeuta expondrá los juegos neuróticos que la persona vive, lo cual no podrá darse sin un vínculo terapéutico. En mi experiencia durante mi trabajo en el sistema penitenciario, tanto en la atención individual como en la grupal, ha quedado claro que si existe el equilibrio entre la creación del vínculo terapéutico iniciado por el apoyo, posteriormente esto será la base para resolver la manipulación, la evitación y la mentira que queden expuestos. Al realizar la confrontación sin juicio, con amor y respeto, entonces el paciente resuelve.

3.2.- TERAPIA GESTALT Y CONSTELACIONES FAMILIARES

En el Diplomado de Constelaciones Familiares al que asistí (2007-2008), tuvimos módulos donde nos explicaron y practicamos lo que la Hipnosis Ericksoniana y la Teoría de Sistemas aportan a las Constelaciones Familiares.

Cuando nos facilitaron el Módulo de las aportaciones de la Terapia Gestalt, tuvimos como facilitador para esta misión a José Alfredo Almazán, venido desde INTEGRO de León, Guanajuato. Un gestaltista confrontativo que nos sacudió los mapas mentales en el aquí y ahora, duro y preciso.

De lo que surgió ese día, Almazán comentó que:

Los sentimientos surgen en pares (polaridades): soberbia-inseguridad, víctima-victimario, amor-rechazo, ira-tristeza, etcétera. Para el tema de polaridades, recomendó el libro de Jorge Bucay "El Camino de la Autorrealización".

La soberbia está relacionada con lo que vivimos con nuestro padre; la inseguridad se relaciona con nuestra relación con la madre. El hijo tiene que soltar a la madre, para obtener seguridad.

Si no reconozco el odio a algo, no podré dar amor.

No confundir las necesidades con los deseos.

Para ilustrar el esquema de la autorregulación organísmica, a los participantes (estudiantes) del grupo nos dijeron que nos organizáramos en triángulos sistémicos, de tal manera que todos formáramos parte de una tríada.

En cuanto a lo revisado teóricamente en esa jornada, destaca lo siguiente:

¿Qué aporta la teoría y la técnica de la Terapia Gestalt al enfoque de las Constelaciones Familiares?

La terapia Gestalt representa un enfoque humanista muy reconocido en el mundo de la Psicología y la Psicoterapia, y el enfoque de Bert Hellinger encuentra en la Gestalt elementos que apoyan el trabajo que se realiza dentro de las Constelaciones Familiares.

Sin pretender ser una revisión exhaustiva, se mencionan algunos de los principales elementos de la Gestalt que se encuentran presentes en el enfoque de las Constelaciones Familiares.
Los trabajos de Perls constituyen una gran aportación al desarrollo de la psicología y la psicoterapia; varios alumnos suyos han enriquecido sus teorías y las técnicas que él describió originalmente dando como resultado una metodología de trabajo sustentada y comprobada en el campo de la psicoterapia.

Entre las aportaciones del enfoque de la Gestalt al campo de la psicoterapia, y en concreto al trabajo que se realiza con las Constelaciones Familiares, podemos mencionar 4 aspectos importantes para el enfoque de Bert Hellinger:

1.-LA NOCIÓN DEL AQUÍ Y AHORA

La noción del aquí y ahora es una premisa que caracteriza al enfoque de la Terapia Gestalt, Erving y Miriam Polster señalan en su libro *"Terapia Guestáltica"* que existen algunas perspectivas novedosas que fundamentan el trabajo de la Terapia Gestalt; entre otras, mencionan: 1) el poder está en el presente, 2) la experiencia es lo que más importa, 3) el terapeuta es su propio instrumento, y 4) la terapia es demasiado beneficiosa para limitarla a los enfermos.
En este punto podemos realizar un enlace con una característica esencial de la teoría de las Constelaciones Familiares, esta es: la fenomenología. En palabras de Joseph Zinker *"el término fenomenológico denota aquel proceso que uno experimenta como exclusivamente propio. Añadir las dimensiones del aquí y ahora otorga a esos fenómenos personales inmediatez existencial"*.
Carl Rogers expresa que el mundo fenomenológico es el mundo que se experimenta.
Sabemos que, en el trabajo con Constelaciones Familiares, lo que sucede en el momento es lo esencial y realmente importante y que esto influye de manera significativa para encontrar soluciones a las situaciones que plantea la persona que acude a nuestra consulta.
¿En qué aspectos se experimenta el aquí y el ahora? Polster menciona algunos:
a) La sensación. Experimentar el aquí y ahora empieza por la sensación: recordemos que nuestro lenguaje tiene raíces sensoriales, que nuestras palabras emanan de la experiencia concreta, que tratamos las palabras como si ellas mismas fuesen la experiencia. El trabajo con Constelaciones Familiares se centra mucho en las sensaciones que experimentan las personas que han sido configuradas en una constelación, y a partir de sus reportes se puede ir "construyendo" caminos y alternativas para quienes buscan la ayuda de este enfoque.
b) El tiempo. La "realidad" siempre existe en el tiempo presente; incluso lo que viví hace semanas o meses o lo que aún no ha pasado en mi vida, lo experimento solo en el momento presente, y dependiendo de cómo lo experimente será la realidad que viva y la manera como actúe ante dicha realidad. Puedo recordar algo que viví hace años y de la forma como lo recuerdo depende la historia que me cuento y luego me creo; y solo aquí, en este tiempo, es donde se puede realizar modificaciones a mis construcciones de la realidad y provocar una respuesta diferente, y un resultado diferente, más satisfactorio quizá. Y esto es parte del trabajo que hacemos con las Constelaciones Familiares cuando buscamos resignificar las experiencias que ha vivido una persona como "obstaculizantes" de su desarrollo, trayéndolas al presente y presentando imágenes diferentes en el tempo presente, lo cual podrá hacer una diferencia importante en la vivencia de la persona.
c) El espacio. Según Polster, *"desde el punto de vista espacial, mi experiencia y mi realidad se dan aquí, donde estoy. El aquí y ahora representan una experiencia altamente personal anclada en lo sensorial, que se tiene en este momento del tiempo y en este sitio donde uno está"*. En aquel lugar (mi casa paterna, por ejemplo) las cosas sucedieron de tal manera que yo acomodé mi

historia y he vivido de acuerdo con este acomodo; pero en este espacio en el que me encuentro hoy (la casa de mi propia familia), la historia puede cambiar y junto con ello mi forma de relacionarme con el mundo.

d) El proceso, la propiedad y la validez de contenido. La realidad no es estática, y nosotros somos un proceso constante, entes en posibilidad de cambio.

Por otra parte, yo soy el único propietario de mi experiencia vital, lo cual me ubica en la parte de responsabilidad que tengo ante los hechos o ante la manera como los interpreto (en mi favor o en mi contra). Por último, el contenido de mi experiencia es tan válido para mí, como lo es el contenido de la experiencia de otra persona para ella. No hay mapas correctos o incorrectos, sino solamente mapas que ayudan o no' ayudan a quienes los mantienen en sus relaciones con el mundo.

Los aspectos anteriores refuerzan el concepto de la fenomenología que prevalece en el trabajo con Constelaciones Familiares, en donde buscamos los hechos, Sin ninguna carga interpretativa o enjuiciadora.

2.-LA AMPLIACIÓN DE LA CONCIENCIA

Al respecto, los Polster señalan que el término de conciencia como es utilizado en la terapia gestalt ha sido fuertemente cuestionado debido a que, según quienes critican este concepto, estar o ser conscientes de manera exagerada obstaculiza el hacer de la persona y se convierte en una excelente justificación para mantenerse enfocado hacia fuera (como una reacción a las peticiones o sugerencias de quienes le rodean en el sentido de que sea consciente de ...).

Desde el punto de vista de la Gestalt, la toma de conciencia sirve para mantenernos al día con nosotros mismos; es un proceso incesante, accesible en todo momento, no una iluminación única que solo se alcanza en ocasiones o condiciones especiales. La toma de conciencia ayuda a restablecer el funcionamiento total e integrado del individuo.

La conciencia y las sensaciones. La ampliación de la conciencia nos ayuda a identificar las sensaciones básicas, y a descubrir cómo éstas se relacionan con las acciones; en esta medida, cuando la conciencia da cuenta de nuestros actos, las probabilidades de acciones incongruentes o desconectadas se reducen. Polster dice que la incongruencia entre nuestros actos y nuestra conciencia provoca que las personas solitarias coman, que quienes se encuentran hambrientos hagan el amor, u otras acciones por el estilo.

En el trabajo con Constelaciones Familiares se le pide a las personas que se mantengan centradas (o en su centro); esto es una manera diferente de pedirles que pongan atención a su conciencia, y al hacerlo así, se puede volver fácilmente a los hechos tal como son (sin mucho juicio), y se vive la experiencia como algo a lo que la persona ha contribuido a crear:(no algo ajeno a ella).

Desde la perspectiva de la Gestalt, la conciencia cumple tres fines principales en la relación terapéutica:

1. Acentúa la realización personal. Cuando se interrumpe el ritmo natural entre conciencia y expresión surgen las perturbaciones psíquicas; cuando se amplía el nivel de la conciencia se posibilita el flujo natural entre ésta y la acción y la persona se encuentra en mejores condiciones para alcanzar sus deseos u objetivos.

2. Facilita el proceso de elaboración. Mediante la conciencia podemos elaborar nuestras experiencias e ir más allá de lo evidente, lo cual facilita que reconozcamos cuando estamos respondiendo a una situación desde una perspectiva actual o asumiendo respuestas que aprendimos en situaciones y relaciones anteriores. a

3. Ayuda a recobrar experiencias pasadas. A través de la conciencia contactamos con nuestras sensaciones y a través de éstas es más fácil acceder o revivir experiencias pasadas que continúan ejerciendo cierta influencia en nuestra vida actual.

La conciencia y los sentimientos. La terapia gestalt busca la expresión de los sentimientos como medio para integrar aspectos inconexos en la vida de las personas; para esto se requiere de la participación de la conciencia en la identificación, primero de las sensaciones y luego de los sentimientos, lo que permite destrabar a la persona ayudándole a expresar dichos sentimientos, y la coloca en una disposición de avanzar a nuevos ciclos de conciencia y expresión.

La expresión de los sentimientos en ocasiones se realiza sin la participación de la conciencia, lo que provoca que éstos se dirijan sobre un "objeto" equivocado o se expresen deficientemente. El trabajo en la terapia gestalt así como en el enfoque de las Constelaciones Familiares se dirige a descubrir el escenario que le corresponde a dichos sentimientos, y desarrollar en las personas su capacidad de expresión.

La conciencia y los deseos. Tomar conciencia de los deseos es una función orientadora, dirige, moviliza, canaliza, focaliza; el deseo cumple una función de enlace al integrar la experiencia presente con el futuro y con el pasado. Todos alguna vez hemos o escuchado o dicho que si no sabemos lo que queremos difícilmente lo conseguiremos, esto es bastante obvio, pero algunas de las cosas que "conseguimos" lo hacemos sin darnos cuenta, a veces sin siquiera saber que las deseábamos. En la terapia gestalt se pregunta por lo que la persona quiere o desea, como una manera de ayudar al movimiento "sanador", un movimiento hacia la realización y la liberación. En Constelaciones Familiares se busca el deseo de la persona como una manera de orientar la intervención dentro del proceso de "desatore" o "desamarre" que solicita la persona.

3.-AUTORREGULACIÓN ORGANÍSMICA Y MOVIMIENTOS DEL ALMA

Autorregulación Organísmica es un término que Perls usaba con frecuencia para referirse a la confianza básica en ser uno mismo y a la confianza en la naturaleza humana, planteaba que cuando la naturaleza se ve libre de interferencias solo nos puede conducir a un lugar bueno y sanador. Si Hellinger escuchara esta definición, seguramente diría que corresponde a lo que él llama Movimientos del Alma.

La idea de Autorregulación Organísmica contiene 4 presuposiciones:

1. Que hay una misteriosa fuente de vida, de la que siempre mana algo bueno, que nos dirige a la realización de nuestro ser. Para Hellinger esto equivaldría al concepto de Gran Alma.

2. Que esta fuente de vida fluye mejor y más fácilmente cuando se cede y se respeta a sus impulsos naturales, en lugar de pretender cambiar lo que esta fuente tiene "planeado". Helinger lo llamaría Destino.

3. La Autorregulación Organísmica lleva implícita la "aceptación" e integración de todas las partes de uno mismo y de aquellos que se relacionan conmigo, como una fuerza que se rehúsa a hacer diferencias: El respeto a mí mismo y al otro es algo que Hellinger lo plantea como un asunto del Alma del Sistema, que no permite que haya excluidos, ni desorden, ni desequilibrio entre el dar y el tomar.

4. Que cuando falla la Autorregulación Organísmica, se crean "perversiones", enfermedades, desórdenes que siempre bucarán la manera de "corregirse" y encontrar el camino de la salud; incluso a través de caminos o medios no muy saludables. Hellinger menciona las dinámicas que enferman a las personas y a los sistemas de éstas cuando alguno de los tres principios sistémicos que plantea han sido transgredidos.

4.-LA CREATIVIDAD COMO HERRAMIENTA DEL TERAPEUTA

Una de las mayores distinciones que caracterizaron a Fritz Perls fue su creatividad innata, su desparpajo ante las situaciones que se le presentaban en la terapia: Joseph Zinker retoma esta característica y la desarrolla en su libro "El proceso creativo en la terapia guestáltica", presentando algunas ideas respecto a cómo utilizar esta herramienta dentro del contexto terapéutico.

La creatividad es un proceso ligado fuertemente al cambio, y la terapia busca precisamente un cambio en el nivel de la conciencia y del comportamiento; es por eso que para el trabajo en la terapia gestalt al igual que en el enfoque de las Constelaciones es muy importante considerar dicho proceso creativo.
Y cuando hablamos de creatividad en el proceso de la terapia, necesariamente hacemos referencia a la creatividad del terapeuta, de cómo éste afronta las situaciones que se le plantean en el proceso de ayudar a otros y cómo busca y encuentra alternativas para la problemática que se presenta.

El proceso creativo empieza por la apreciación de lo que está ahí, de la persona como es; es poco probable que la persona pueda crear algo diferente de lo que es si antes no se ha visto ni valorado como es en este momento. Y el terapeuta tendrá pocas posibilidades de ayudar a su paciente si antes de querer que sea lo que no es, no asiente a lo que sí es.
La actitud creativa del terapeuta le permite escuchar sus corazonadas y experimentar con ellas, probando los resultados que se obtienen poniendo en práctica dichas ideas. En el trabajo con Constelaciones se requiere que el constelador escuche sus corazonadas y pruebe dentro del contexto del trabajo terapéutico si éstas tienen sentido o no.

Es importante considerar que el proceso creativo requiere en ocasiones de romper las reglas establecidas y esto asusta en principio a las personas, quienes están acostumbradas a responder o a comportarse de determinada manera y a sentirse apreciados y aceptados cuando se comportan así, romper las reglas y adoptar comportamientos diferentes presupone la posibilidad de ser rechazado o etiquetado como una persona no grata para la relación en cuestión.
Adoptar una perspectiva creativa dentro del proceso de terapia, me permite asimilar las experiencias de las personas con las que se trabaja de manera respetuosa, sin enjuiciarlas o evaluarlas; este punto es de extrema esencia en el trabajo con Constelaciones Familiares, pues recuerda que una de sus premisas es que es importante reconocer lo que es (sin juicios).
Efectivamente, el riesgo de equivocación siempre está latente, pero cuando el terapeuta / constelador se despoja de la intención de "salvar" a su paciente, entonces el riesgo de equivocarse disminuye o pierde la relevancia que hasta este momento el terapeuta la había dado. Quizá ahora entiendas más lo que plantea Hellinger cuando dice que, al realizar un trabajo de Constelaciones Familiares, éste debe hacerse sin miedo y sin intención.

5.-LOS GRUPOS COMO COMUNIDADES CREATIVAS Y DE CRECIMIENTO
La Terapia Gestalt utiliza dentro de sus procedimientos de trabajo el uso de los grupos para apoyar los procesos de crecimiento y desarrollo personal de quienes asisten a éstos. En este sentido, el grupo se convierte en una comunidad donde las personas pueden crear en conjunto y beneficiarse mutuamente de las experiencias y aprendizajes que comparten durante el tiempo que conviven y trabajan dentro del grupo sus asuntos personales y/o familiares.
El trabajo en Constelaciones Familiares se realiza primordialmente con el apoyo de un grupo de personas que se reúnen para disponer su alma, su corazón y su cuerpo al servicio de lo que una o varias personas puedan requerir en algún momento del trabajo terapéutico. Contar con personas que representan el rol de los miembros de mi sistema familiar, me posibilita para ser consciente de lo que les pasa a esas personas en relación a mí; cosa que probablemente sería más complicado de entender si quiero hacerlo sin su ayuda (sin su representación).

Para el constelador, los representantes se convierten en una especie de termómetro que le indica si está caminando el sendero "correcto" o tendría que desandar el camino e intentar con otro.

3.3.- ESCUCHADO EN LA MAESTRÍA GESTALT DE INTEGRO

Vale la pena compartir parte de los apuntes recabados en este Instituto de Terapia Gestalt Región Occidente (2005-2008):

Descripción Fenomenológica.
En Terapia Gestalt, el Diagnóstico es fenomenológico. Hay que describir el fenómeno que está ocurriendo en ese momento. ¿Qué está sucediendo en tus ojos que están rojos? Bajó tu tono de voz...¿qué pasó? ¿Qué está sucediendo en tu mano? ¿Qué te está diciendo tal dolor? ¿Para qué haces tal movimiento? Deja tu dedo, así como lo tienes dentro de la nariz...intensifica la sensación y dime...¿Qué pasó que bajaste el tono de voz? ¿Qué quieren hacer tus manos (o sus pies)? Ponle palabras a tu risa.
"Nervioso" es una palabra pantalla, puede significar ansiedad, angustia o miedo. Que el consultante defina específicamente a qué se refiere. Y así con otros fenómenos, es decir, esto se relaciona con el Metamodelo.

Reflejo y espejeo.
El Reflejo es la repetición y reproducción del terapeuta de lo que dijo (verbalmente) y como lo dijo (paraverbalmente) el paciente y de lo que hizo (conciente o inconscientemente).
El Espejeo es la repetición y reproducción del terapeuta de las posturas, gestos, respiración y movimientos (no verbales) del paciente.
Con el reflejo y el espejeo el terapeuta le ayuda al paciente a que se escuche y se vea.
Gracias al reflejo y al espejeo el paciente se siente acompañado y comprendido, porque se está en el mismo canal.

Proyección.
En cada proyección hay una polaridad oculta. El neurótico proyecta.
Para asimilar la proyección pon en ti lo que ves en el otro.
Ejercicio: Escribe o menciona los objetos que hay en tu habitación y menciona qué valores de ti representan.
Ejercicio: 1) Describir un objeto. 2) Hablarle de tú al objeto. 3) Yo soy el objeto, sentirme como él.

Retroflexión.
Es retroflexión el suicidio, la depresión, el narcisismo, las fantasías, la sublimación, anorexia, bulimia, adicciones y la proyección.

Figura y Fondo.
La Figura surge de motivaciones y necesidades que emergen. El Fondo es el contexto donde se percibe la figura.
La figura y el fondo son relativos, cambiantes y reversibles.
Toda la vida de una persona sirve de fondo en su momento presente.
Hay que remover el fondo para resignificar la dualidad figura-fondo que se integrarán.
Elementos que componen el fondo: la vida anterior, los asuntos inconclusos y el flujo de la experiencia presente.
Intensificar la toma de contacto de conciencia para que la figura termine de emerger Se necesita aceptar y vivir el caos del fondo para que emerja la nueva figura (la integración)

Atore, bloqueo o atolladero.
No hay reglas infalibles para que algo sea decisivo en el atore o avance de una persona. Lo que atora a una persona puede hacer avanzar a otra persona.
La Gestalt no busca quitar las resistencias, sino entender el significado y trabajarlas para convertirlas en asistencias.
Un desatore dura una hora, un día, una semana, un mes o años. Cada trabajo implica una desestructuración y luego una reestructuración.
Si no sueltas conscientemente, quedas abierto. El apego es un enganche. No basta con quitar la ganancia secundaria, sino que hay que resignificar lo que hay detrás de ésta.
El impasse (atore) en psicóticos es quedar atorados en sus fantasías y alucinaciones, perdiendo el contacto con la realidad.
El impasse del enamorado es idealizar a la pareja.

En el Proceso Terapéutico.
Lo espontáneo y emergente.
Si te nace gritar (o escupir, hacer un movimiento, descargar una emoción, etc.), hazlo.
A veces es necesario y muy importante acompañar en el silencio al paciente.
Simula que haces lo que mencionas (tirar el coraje en una bolsa, caminar dando vueltas, postura de sentirse abrumado, etcétera)

Preguntas terapéuticas en Terapia Gestalt.
¿Cómo le haces para…? ¿Con qué te quedas? ¿Qué te hace figura? ¿Acaso te estás protegiendo de algo? (se vale preguntar esto sutilmente).
¿Qué evidencias tienes de tus sospechas? ¿Cómo te llegó ese pensamiento?
¿Cuál es tu ganancia en esto?
¿Dónde está tu baja autoestima? y ponla en la silla vacía.
¿Qué necesitas en este momento?
¿Para qué te sirve hacerte la mártir?
¿Cuáles son las ganancias que obtienes en portarte así?
¿Cuáles son tus ventajas de vivir así?
¿Cuándo escuchas eso qué es lo que te mueve?
Cuando surgen varias cosas importantes no explorarlas para no perder de vista el objetivo terapéutico principal.
Experimento: A un paciente que mencionó se le daban muchas responsabilidades, se le aventaron muchas plumas de aves. Con una pluma sobrante, se le guio para que la usara como varita mágica y con eso delegara responsabilidades a sus seres más cercanos.
¿Qué quieres soltar que ya no te sirva? ¿cómo lo quieres soltar?
¿Quién fue la primera persona que te dijo eso?
No se pregunta qué se te ocurre hacer, sino qué quisieras hacer.
¿Qué te está produciendo esto que estamos platicando?
Quédate sintiendo eso.
Cuando nos digan que es una historia larga pues que nos cuenten la versión corta.
El paciente se verá y se reacomodará con sus propios valores, no con los valores del terapeuta.
En diabetes temprana hay que preguntar ¿Tú qué sentiste cuando tu madre rechazaba a tu padre?
Cuando aparezca la risa en el paciente confrontarlo y trabajarlo.
¿Cuál es la intención, sensaciones y la conducta de tu gratitud?

Dale sonido a esa emoción…
Ponle un nombre a eso que estás sintiendo, no lo pienses (sin palabras pantalla).
Siento que fue algo especial (es un pensamiento, no un sentimiento).
Cuando la persona siente, suele mirar hacia abajo. Cuando piensa, mira hacia arriba.
Cuando un paciente está haciendo contacto emocional, no interrumpirlo con preguntas
No basta con quitar la ganancia secundaria, sino que hay que resignificar lo que hay detrás de ésta.
La flatulencia externada en cierto momento no es casual ni meramente biológico, es una necesidad interna (proyección) sobre ese tema o situación donde se originó.
En *Línea del Tiempo*, ya que el paciente llegue a la impronta que se salga a un lado para que contemple, vea necesidades y recursos.

Tristeza.
Discúlpame, si no te checa corrígeme…¿acaso te da risa tu tristeza?
¿Te das cuenta que esa tristeza la siente la niña en aquél momento y tú como adulta sientes otra emoción?
¿A quién quieres decirle tus penas?
Pon una mano en tu pecho (corazón) y empieza a hacer *contacto* con tu tristeza.
Saboreamos más la alegría cuando hemos tocado antes la tristeza.

Enojo.
A lo mejor estoy mal, te pregunto ¿Cuando te enojas, te ríes? Hacerle ver que esto, a largo plazo, hace que se adormile la capacidad y después no podrá diferenciar una de otra.
Respira hondo, cierra tus ojos, concéntrate en tu coraje.
¿Qué te ha negado Dios, díselo?
El odio es un amor no logrado.
El rencor es una ira-coraje no expresado.
¿De qué otra manera quisieras sacar ese coraje?
Dime qué demandas y te diré de qué careces.
Para liberar el enojo se puede a través de: patadas, puñetazos, manotazos, estrujamientos, vómitos, gritos, movimientos, etc.
Un grito personal de fuerza puede ir acompañado de una postura, gesto y/o movimiento. A veces es útil cuando se ha trabajado duro en terapia, e incluir sacudir las manos, sacudir el cuerpo, hacerlo en posición cobra o alzando las manos.
Tenemos 4 dedos de amor y un dedo de odio que señala.
Saca el coraje golpeando los cojines con las manos y/o con los pies.
Nota: Los cojines pueden estar en el suelo, junto a la pared o siendo sostenidos por un ayudante o por el terapeuta.
Masaje en mastoideos (mandíbula) para liberar el dolor (con o sin expresión de este) de la ira acumulada ahí. Bostezo energético (ejercicio de Gimnasia cerebral).
Experimento de silla caliente: Imagina que tu cojín (o silla) es tu parte que sufre, obsérvala en tu dolor (tristeza o coraje). Luego, entra en ella para que sientas eso, y mira desde ahí a tu persona actual, qué sientes de esto (hacer diálogos).

Agresión.
La agresión es una fuerza o impulso para buscar equilibrio con base en una necesidad.
El ego es la manifestación y el administrador del organismo, buscando el equilibrio incluso usa la agresión.

La agresión es una energía biológica.
La agresión a veces se canaliza en la preocupación o en la depresión.
Un violador tiene que contactar con su dolor y duelo.
Dejar que el paciente llegue al máximo de tensión, para que luego se relaje.
Como un balazo al aire, su trayectoria es en curva.
El asesino de Cumbres (Monterrey) desplazó su violencia hacia sus sobrinos y no a su novia.
El suicidio a veces es un sustituto del homicidio.
Algunos se suicidan o terminan como vagabundos cuando la madre o una pareja les retira la confianza.
Matar es signo de impotencia de no resignificar lo negativo.
Fritz Perls no se acercaba tanto a los pacientes agresivos.

Culpa.
¿Con quién es tu culpa? ¿Dónde sientes la culpa? Haz una escultura de tu culpa.
La culpa pide castigo. Cambia culpa por deuda. A veces, la culpa es un enojo reprimido.
¿A quién escuchas cuando te estás culpando? ¿Cómo aprendiste a sentirte culpable?
En la Gestalt no existe la culpa, hay enojos reprimidos. Cambia culpa por deuda.
Lo que el paciente llama culpa, va ligada a su moral. ¿A quién escuchas cuando te estás culpando? Es más fácil culparse que sentir enojo contra la madre.

Polaridades.
A una obesa, mandarla a su 'yo ideal', a través de imágenes. Luego, a su polaridad (con imágenes). Después, conciliar las polaridades (abrazo, fusión)
Un misógino está peleado con su parte femenina.
¿Qué tanto tu novio se parece a tu mamá?
Haz una escultura para cada polaridad (amor y odio, tristeza y furia, sentimiento y razón, etc.)
Hay que identificar la polaridad evidente y también la polaridad negada (hay que inferirla)
Los mecanismos de defensa actúan polarizadamente.
Thanatos...Desestructurarse.....Crisis......llegar al vacío fértil...Wu wei.......llenar el hueco sembrando la integración de polaridades...y de aquí surgirá el corazón del cambio terapéutico con un mundo de posibilidades.
Ante un paciente muy sensible, hay que dotarlo de intelectualidad (su polaridad, para integrarlo).
Cuando una persona está en el punto cero es porque aquí y ahora está sana.

Metaposición.
La Metaposición es importante para integrar las polaridades.
La solución de los problemas no está en el mismo nivel sino en un nivel superior. De ahí la utilidad de recurrir a: metaposición, personajes sabios, terapeutas, El Campo, etc.

El Vacío.
El impasse en neuróticos es el vacío fértil, dos polos atorados por una misma fuerza en sentido contrario.
El vacío fértil es desestructurarse para luego volver a integrarse, como hacen los estudiantes en INTEGRO.
El vacío existencial o estéril es peligroso porque se pierde el sentido de vida, es o puede ser patológico y peligra la vida de la persona.
Hay que vivir este vacío fértil, para que lo registre la memoria celular.
Para trabajar los bloqueos

1.-Identificarlo (explorarlo)…entra en el vacío (a veces lo sienten en el pecho, estómago u otra parte).
2.-Reconocerlo.
3.-Sentirlo (hacer contacto emocional).
4.-Llenarlo (hacerlo fértil sabiendo la necesidad).
Donde veamos o nos diga el paciente que siente el bloqueo en su cuerpo hay que tocarlo levemente para desbloquearlo (con esto a veces lloran o explotan). O hacerle movimientos con mis manos simulando que le saco cosas de esa parte corporal.
Cuando tomo conciencia me desbloqueo y la energía fluye.
Los psicóticos no logran llenar el vacío fértil.
Experimento: Usar una naranja o una mandarina, partida de tal manera que se manejen dos mitades con los gajos enteros. Antes de comer cada gajo señalarlo con una etiqueta (valor, introyecto o creencia). Nota: el gajo que no esté integrado tendrá un sabor diferente al que se esperaba, como agradable o desagradable (según de la mitad de donde provenga).

Ensueño Dirigido.
El Terapeuta Gestalt Jorge Fierro, nos decía que el Ensueño Dirigido (creado por Desoille) es trance y no es hipnosis. Se recomienda facilitarlo a consultantes que tengan una edad desde los 6 años. Y para facilitar este tipo de visualización (guiada o no), se necesita que el consultante esté relajado.
En los cuentos y ensueños dirigidos, el Dragón representa al Padre, la Bruja a la Madre, el niño al niño interior.
El fuego del dragón es la violencia del padre. El tesoro es tu esencia.
La cueva o agujero representa lo reprimido, los bajos instintos, deseos ocultos, a veces la vida intrauterina y los recursos primitivos.
El Altar o Santuario es el lugar para entregar tu masculinidad o feminidad.
La Cabaña: Tradición y educación familiar-cultural.
El Jarrón simboliza tendencia de la feminidad (no confundir con la homosexualidad), la espada simboliza lo masculino (lo intelectual, introyectos).
Las abolladuras en el jarrón o en la espada es porque ya "usó o abusó" de esas tendencias.
Según como esté tu jarrón o la espada (tamaño, defectos o virtudes), así estará tu sexualidad y genitales, en lo femenino y masculino.
Yo=casa=Bosque=Objeto=Árbol.
¿Le viste la cara a tu princesa?
La comunicación que dará el Personaje Sabio será directa hacia cada persona, en presente y de manera propositiva.
Paciente *asociado*: en primera persona ve, escucha y siente.
Paciente *disociado:* en tercera persona se ve y se escucha a sí mismo.
Las fantasías guiadas y las proyecciones en cuentos son más útiles para intelectualizadores y para los que están a la defensiva.

Varios.
Las experiencias modifican las creencias.
Yo soy yo y mis circunstancias.
La persona siempre toma su mejor opción.
Perseverancia: fines positivos sin dañarme ni dañar a otros.
El mejor *engaño* es el que me hago a mí mismo.
La terapia es esforzarte en aplicar las 24 horas de cada día lo aprendido.

Concentración es el uso de todo mi cuerpo, no sólo de mi razón. La moda es transitoria en tu búsqueda de identidad y autenticidad.

En la asociación libre interesa lo que sienta y de lo que se da cuenta en ese momento.

Caso de la suegra de Alfredo Almazán….la suegra tuvo que respetar la autoridad de él porque estaban en la casa de Alfredo.

Para llegar al chamanismo, primero me integraré como persona.

Los mandalas (que son arquetipos) se pueden usar para trabajar con esquizofrénicos.

El Quantum de afecto es lo que No trabaja el Psicoanálisis, y de eso nace la Terapia Gestalt.

El jinete es la esencia, el caballo es el ego.

El perro de arriba equivale al Super-Yo. Aquí está el debeísmo, la culpa, la moral.

El perro de abajo equivale al Ello. Aquí está lo sexual, lo instintivo y agresivo.

Fritz Perls se refería a que una persona tiene una constante "lucha de perros".

Confrontación

En Gestalt es llevar al paciente a confrontar su realidad. Es una verificación de la realidad a través de los 10 sentidos.

Es hacer consciente la incongruencia del paciente, de manera directa y con reto.

La confrontación también implica reflejar al confrontado cuando evade o se le nota una incongruencia verbal o no verbal.

Se le puede decir al confrontado: "cierra los ojos y respira".

Para confrontar, primero hay que observar y luego hacerlo en el momento más oportuno (con una persona con rapport avanzado).

Terapeutas confluentes (rogerianos) *vs.* Terapeutas confrontativos (algunos gestálticos).

La hábil frustración es una técnica para ridiculizar y frustrar las conductas manipulativas y evitativas. Es una manera de confrontar al consultante.

No se recomienda aplicarla en las primeras sesiones. No usar cuando no haya una necesidad terapéutica.

Se puede aplicar con los niños. Aplicarla cuando ya tenga insight.

Hay que frustrar al que intelectualiza.

Una palabra mal dicha puede desbaratar el rapport, el nivel alfa o el trance, por eso hay que tener mucha habilidad.

Usar sarcasmos (por ejemplo, me estás aburriendo). Es para acorralar al paciente.

Decirle al paciente: "*Quédate así*" (confundida, enojada, angustiada, indecisa, etc.)

Ejercicios para Sensibilización (Enraizamiento).

#1 Sentir la lengua.

#2 Para ablandar las corazas: Respirar, bailar, cantar, meditar, gritar, etc.

#3 Tocarse el cuerpo con un globo, pelotita o con las manos.

#4 Para disminuir coraje: jalarse el cuero de el entrecejo y de las cejas.

También, masaje en zona entre nariz y boca, para disminuir el estrés.

#5 Ejercicio del Cap. 5 libro "El cuerpo tiene sus razones": Para aplanar el vientre: Encorvarse, juntando la barbilla con el pecho, juntando pies y rodillas, lentamente encorvarse hacia adelante, sintiendo suavidad.

#6 Ejercicio del Cap. 6 libro "El cuerpo tiene sus razones": Estimular el punto 'aspirina' para reducir un dolor corporal: Detectar el dolor corporal y entonces estimular la parte localizada bajo el tobillo, masajear con pulgar, dedo índice y con uñas de estos dedos.

#7 Con música de tambores sensuales ("Drums Nature"), en fila india caminar, ir bailando, en el centro del lugar gritar como guerrero, bailar como chamán, baile libre, imitar un animal salvaje,

rodar con suavidad, descansar.
Retroalimentación.
#8 Postura hacia abajo, como los musulmanes, varios minutos.
#9 En parejas, con música de fondo (donde una mujer se lamenta nostálgica), uno con ojos cerrados recibe contacto en el rostro de las manos del otro participante (5 minutos), y viceversa. Luego, el que cierra los ojos se acuesta boca arriba y recibe contacto en los pies de parte de las manos del otro participante (5 minutos) y viceversa.
#10 Danzar fluyendo con tu energía, libremente.
#11 En parejas, moverse con las manos juntas, libremente.
#12 Respirar, unos minutos de manera normal, y otros 5 minutos de manera hiperventilada.
#13 Hacer grupos de 5 ó 6 integrantes, en cada grupo escoger a quien le darán luz con sus manos los demás miembros de ese grupo, uno a uno, al final lo abrazan.
#14 Con música de fondo, elaborar una figura de arcilla.
#15 Juntar partes del cuerpo con otra persona, al ritmo de la música (espaldas, manos, hombros, brazos, cachetes, etc.).
#16 Caminar descalzo sintiendo los pies, mirando a los ojos a los otros, pisando el suelo de diversas maneras, notar qué parte de nuestro cuerpo está tensa o relajada, respirar profundamente.
#17 Bailar a mi propio ritmo, con música sagrada de fondo.
De preferencia elegir música instrumental poco comercial y con poca o ninguna voz. La música de guitarra estimula brazos, manos y tronco. La música de aire estimula brazos y manos. Los tambores estimulan las caderas y piernas.

Señales del cuerpo, síntomas y enfermedad.
Hueco en pecho y vientre comprimido: se acoraza y no toca los sentimientos.
El *cuello* es la zona del cambio, el tránsito entre cabeza y corazón.
Es valioso experimentar la técnica EDP (Perfil de Desarrollo Emocional) de Gloria Simcha Rubens.
Cuando aparezca un síntoma, no erradicarlo sino que lo viva para saber con qué lo conecta.
Dale voz a tu pecho, pie, tos…
Cuando un paciente traga saliva se le pregunta: "¿Qué tragaste en este momento?
Permítete ser y sentir el cáncer.
Dolor en lumbago: posibles deudas morales.
Deja que hable tu pierna cojeante.
El yoga nos desconecta (suprime) del dolor y las emociones.
Por implosión nos da dolor de cabeza.
Masaje en mastoideos (mandíbula) y luego aplicar polaridades energéticas en:
Mandíbula y hombro (lados opuestos). También: Mandíbula y lateral de frente (lados opuestos).
-*Ejercicio individual*: hacer escultura de cansado, luego escultura de descansado, luego escultura de nada (ni cansado ni descansado).
No permitir que cualquiera nos truene las vértebras en una terapia, porque si lo hacen mal podemos quedar paralíticos.
Los maestros del Kung-Fu desvían el dolor, no lo suprimen.
A veces el paciente no habla porque tiene una regresión y se porta como bebé.
La mano vieja es la izquierda, que contiene los recursos del pasado.
Mujer se *accidentó* con su pareja y luego se separaron. Ella tuvo fracturas en una pierna.
Desde esa pierna que dialogue con la ex pareja.
Tartamudez: Pecho comprimido, hay que abrirlo con tapping energético y masajes

Mientras la información no llegue a la memoria celular (sensaciones corporales originales), no habrá cambio.
Importante: no poner a hiperventilar a un epiléptico.
La mente está en todo el cuerpo, no solamente en el cerebro.
A veces, una barriga indica masoquismo (que se traga cosas).
Los pies hinchados pueden ser por dificultad para contactar la realidad.
Anorexia: madre o padre que da poco alimento emocional a su hija/hijo.
Bulimia: El hijo/hija se come o vomita a la madre/padre.
La venganza se ve como una hinchazón en el pecho o cuello.
El llanto aparece más en el dolor, tristeza y frustración.
¿Qué es lo que te recuerda el llanto? Que le hable a su llanto o a su coraje.
Escucha tus sollozos. A veces, el llanto es una evasión y un atolladero.
El llorar no siempre es por tristeza. A veces, las carcajadas son proporcionales a las lloradas que va a tener esa persona.
Cuando el paciente sienta un nudo en la garganta que lo desanude con un grito.
Cuando reprimimos emociones sentimos como burbujeos dentro del pecho.
Tragar saliva: hay una posible mentira o un acto fallido inconsciente.
Veo que aprietas la boca ¿qué pasa con eso?
¿En qué parte de tu cuerpo sientes tu miedo?
Ese sudor en tus manos con qué sentimiento o emoción te conecta?

En Grupos.
Al dirigir unja visualización no quedarse callado tanto tiempo, no importa que repitamos.
También, hay que dar la inducción de que permanecerán despiertos y que escucharán mi voz, para evitar que se duerman.
No se dice sigan respirando, sino "enfoquen su respiración".
En un grupo nuevo, las bromas pueden desbaratar la armonía del grupo.
Si recién ha comido la persona, entonces relajarla de pie.
Para "trabajar" en grupo, no es obligatorio que el consultante pase al centro del grupo.
Elige 4 personas y diles lo que crees.
¿Estás segura, "Fulana", dime qué diría tu grupo? (es para que proyecte su respuesta)
Experimento de silla caliente: Camina entre el grupo y checa quién se parece a una persona que te ha tratado mal. Luego, párate frente a ella y háblale lo que le quieres decir. Conviértete en esa persona y siente como ella, entonces contéstale con palabras.
Hacer las técnicas ("dinámicas grupales") para el hemisferio derecho.

Figuras parentales.
Trabajamos con el papá que traemos en la mente, no con el papá físico.
Los padres reales allá seguirán, los que trabajas son los padres simbólicos.
Honrar al padre y a la madre (4° mandamiento en La Biblia).
Los asuntos de padre y madre ocupan trabajarse varias veces (durante meses o años).
Ejercicio de Silla caliente: Tomas de la mano al paciente y pedirle que nos hable como si fuéramos su padre (si éste fuera su figura). Luego, soltamos lentamente y preguntamos, ¿qué ves en tus manos? Que se ponga el paciente en el lugar (silla) del padre, para que entonces el terapeuta entreviste al "padre".
Nota que tu mirada la bajas cuando hablas de tu padre.
Di: "Tengo a mi padre en mi corazón y me siento…"
Resignificar lo de mi padre incluye haber hecho algo diferente a lo que él hizo.

A la figura parental que agreda el consultante, es con quien realmente está identificado.
La seguridad y el vínculo se fortalecen con leche materna, no con leche pasteurizada de la tienda.
Investigar cuánto tiempo recibimos leche materna de nuestra madre.
Si en una pareja alguien exhibe comportamiento de niño, es porque la otra exhibe comportamiento de madre.

Cierre de una sesión.
Además de cerrar el ejercicio se tiene que cerrar la sesión. Recapitular y resignificar, tanto el terapeuta como el paciente.
Agradecerle. Darle tareas ¿Qué te llevas? ¿A qué te comprometes? ¿Hay algo más que quisieras decir? ¿Cómo te quedas, qué sientes en este momento? ¿Qué quisieras que pase de aquí en adelante? ¿Qué aprendizaje obtienes de esta experiencia hoy? ¿Para qué te servirá eso? ¿Y te das cuenta de…? Dime algo concreto que harás afuera para empezar tu cambio.
Que se quede con una imagen solución o ancla.
Condiciones necesarias para que un paciente termine su tratamiento terapéutico de manera satisfactoria:
1.-Cuando el paciente reconoce que posee el saber.
2.-Cuando el paciente abandona la posible dependencia hacia el terapeuta.
3.-Cuando el paciente se da cuenta que él tuvo la solución y no el terapeuta.
4.-Un asunto recordado con serenidad es que es caso cerrado. Y recordado
con coraje o tristeza es que aún falta sanarlo.

4.- MÁS DE TERAPIAS ENERGÉTICAS E INTEGRACIÓN CEREBRAL

"Toda verdad atraviesa tres fases: 1.-es ridiculizada;
2.-recibe violenta oposición; 3.-es aceptada como algo evidente".
Arthur Schopenhauer

"Lo importante no es lo que te sucede, sino cómo lo manejas".
Francine Shapiro, creadora del EMDR

"No basta con pensar en algo para lograrlo.
Es algo más complejo que esa simpleza".
Amit Goswami

4.1- INTEGRANDO POLARIDADES EN ALGUNAS TERAPIAS ENERGÉTICAS

"No maldigas la obscuridad...Simplemente enciende tu Luz".
Armando Ruíz

Nuestra esencia no sólo está en la flor, sino también en las espinas,
la luz recibida, la sombra generada, la tierra y la raíz.

No subestimes tu inconsciente, recuerda que el Titanic
chocó con un témpano cuya parte no visible era inmensa.

La batería ocupa ambos polos para transmitir la energía,
no discrimina este o aquel.

En este tipo de terapias, se contemplan creencias negativas y positivas, sensaciones desagradables y agradables, incluso con la ayuda de escalas subjetivas para medir las dos situaciones anteriores. Por ejemplo, en la elaboración de frases en EFT, la primera parte de ellas están en sentido negativo por el problema o conflicto, y la parte final de la frase tiene una connotación de solución positiva. Veamos una frase de este tipo: *"A pesar de que me siento paralizado con esta ansiedad, me acepto tal como soy y estoy saliendo adelante"*.

Silvia Hartmann, quien en 2011 modificó la receta original de EFT que se venía manejando desde la década de 1990 con Gary Craig, agregó el tapping en el chakra 1, llamado "coronilla" o "tapa de la cabeza". Este punto energético es importante en la integración del asunto a tratar.

La polaridad problema-solución, implica que en la fase del problema hay bloqueos de energía, en meridianos, en puntos energéticos, en músculos, en órganos, quizá en glándulas. También hay creencias negativas, desintegración de subpersonalidades, traumas, sensaciones molestas y síntomas de malestar. En la fase de solución hay fluidez energética, creencias positivas, integración de polaridades de egos y de sentimientos, así como ausencia o disminución significativa de síntomas y molestias en el cuerpo.

Según el Folleto sobre la Técnica de Acupresión de Tapas o TAT (Tapas Fleming, 2013), el primer paso es definir el problema; en el segundo paso, hay que definir lo opuesto al problema, por ejemplo, una frase para el paso 2 que sugiere el TAT es: "*Esto sucedió, ya pasó y estoy bien. Puedo relajarme ahora*".

También en TAT, se sabe que algunas veces hay una parte de uno o mismo que, de alguna forma, se beneficia con el problema que se está trabajando. De cualquier forma en que esta parte se haya involucrado en lo que sucedió, este paso ayudará a sanarla, le dará a usted paz y un sentido de estar más integrado. Simplemente mantenga la Postura TAT, y ponga atención a los pasos a seguir. Las palabras para este paso son: "*Todas las partes de mí que estaban involucradas en esto se están sanando ahora*"; y/o: "*Dios, gracias por sanar todas las partes de mí que estaban involucradas en esto*". Si usted siente que hay alguna resistencia a la sanación, haga la Postura TAT y tenga un diálogo (en silencio o en voz alta) con la parte que se está resistiendo. Esa puede ser una parte de su niño interior, una parte protectora o una parte física, como su estómago. Aunque no sepa cuál es esa parte, lo puede hacer; converse aún así, asegúrele a esa parte que el pasado ya pasó y que ahora puede relajarse.

En Kinesiología y otras terapias similares, para calibrar un test de verificación muscular (hay varios) suelen testear tanto el "***on***" como el "***off***", para evitar incoherencias energéticas.
En las Posturas de Integración TAT (2013, TATLife.com), este paso es para integrar completamente la sanación de una sesión en el sistema cuerpo-mente (si estás pensando que esto se puede aplicar en tus sesiones y en las mías, estamos pensando lo mismo). Contiene tres partes. En la primera, haga la "*Postura TAT*" (explicada en este libro en el subcapítulo "El uso de la polaridad en terapias energéticas"), concentre su atención en: "Esta sanación está completamente integrada ahora y lo agradezco". y/ o: "Dios, le agradezco por integrar completamente esta sanación ahora". Luego, intercambie la posición de ambas manos de forma que la mano que está adelante pase hacia atrás y viceversa (en la Postura TAT). Concentre su atención en la afirmación otra vez. Ahora coloque las yemas de los dedos sobre la piel que está justamente detrás de las orejas, con los pulgares debajo de donde los lóbulos se juntan con la cabeza y ponga los meñiques en la parte que se pega con la parte superior de la oreja.

Algo que me parece muy interesante para llevarlo a la práctica de facilitación al inicio de mis terapias es la respiración de boca (inhalación y exhalación) para facilitar bostezos energizantes, y "El Palmeo", es decir, esta técnica donde se frotan las manos para que los chakras menores produzcan energía en las palmas de las manos y entonces colocar estas (enconchadas o cóncavas) encima de nuestros ojos, para que el centro de cada mano quede sobre cada ojo, como lo muestra el video de Berto Alós en Yoga Ocular (ver en Youtube). El palmeo lo estoy usando en algunos casos como preparativo para relajar los ojos antes de sets de movimientos oculares bilaterales. Y también, es una interesante alternativa al final de los sets de movimientos oculares bilaterales, para que descansen los ojos.

No se trata de que te estés "rascando" por inercia cierta parte, se trata de que comprendas qué está pasando en esa parte de tu cuerpo-vida, para actuar en ella y, entonces puedas volver a reintegrarla a tu cuerpo, conscientemente.

4.2- ESTIMULAR BILATERALMENTE DOS O MÁS PUNTOS ENERGÉTICOS (IGUALES O DIFERENTES)

***Abajo de los ojos:** para desbloquear algo relacionado al estómago o intestinos.

***Clavículas derecha e izquierda:** puntos energéticos para trabajar miedo.

***Zonas sensibles pectorales derecha e izquierda** (a medio camino entre cuello y tetillas): para desbloquear autosabotajes.

***Zona occipital y zona frontal (de la cabeza):** Contribuye a la integración cerebral.

***Puntos 4IG** (en medio de dedo pulgar e índice de cada mano): Para reducir algún dolor físico o de la zona abdominal.

***Punto 9 Gamas y Punto K:** Potencia el desbloqueo energético.

***Entrecruzar las puntas de los dedos de ambas manos:** Potencia el desbloqueo energético. En los laterales de las puntas de los dedos están los inicios de varios "meridianos de energía".

***Postura de TAT:** Coloque suavemente la punta del primer dedo (pulgar) en el área ubicada a 0,5 cm de la parte interna del ojo; la yema del cuarto dedo (dedo anular) de la misma mano en la parte interna del otro ojo y el dedo del medio (tercer dedo) en un punto levemente más arriba (una media pulgada) del puente de la nariz, entre las cejas. Ahora ponga la palma de la otra mano en la parte de atrás de su cabeza, de manera que el pulgar toque la base del cráneo, por encima de la línea del pelo, para así acunarla. Ambas manos deben descansar suavemente, no se requiere ninguna presión.

***Los 8 ejercicios de integración cerebral Des-switch de Manfred Doepp** (verlos en mi libro Técnicas Energéticas...).

***Cruzar las manos y hacer tapping bilateral en las rodillas:** Para potenciar la integración cerebral. De manera contralateral, darse masaje en los pies, es decir, la mano derecha dará masaje al pie izquierdo, y viceversa.

***Ejercicios de Energía de Brain Gym:** "Botones del cerebro", "Botones de tierra", "Botones de equilibrio", Botones de espacio", "Puntos positivos", "Bostezo de energía", y "Gancho de Cook.

***Masaje o tapping bilateral en laterales de la nuca,** en los huecos donde está la base del cráneo en cada lateral.

4.3.- LA CUADRÍCULA ¡St9x9 DE DON ELIUM

Don Elium y su equipo han descubierto que las posiciones de la cabeza y los ojos, en todas sus combinaciones posibles, pueden contener (estar anclados a) diferentes aspectos de nuestros problemas, o disociaciones neuroenergéticas. Es una práctica de rutina en las terapias energéticas hacer una prueba de verificación muscular con la cabeza y los ojos de la persona en la misma posición para todas las pruebas (en Psych-K la cabeza está al frente y la mirada hacia abajo, en otras terapias, la mirada y la cabeza están al frente). Don ha descubierto que esto normalmente nos hará perder la detección y el tratamiento de algunos problemas sin que nos demos cuenta. En PNL y Brainspotting no discriminan entre postura de cabeza y dirección de la mirada, solamente señalan detectar la clave o punto de acceso visual. Roger Callahan (TFT) había descubierto una aproximación con la aplicación de la mirada en círculo (dentro de las 9 gamas); y los Andreas desarrollaron el Integrador de Movimiento Ocular para un barrido visual de todo el panorama del consultante, aunque como ya señalé líneas arriba, en PNL (incluso en EMI de Danie Beaulieu) no discriminan entre posición de la cabeza y la dirección de la mirada.

Elium presentó su hallazgo en la Conferencia de Psicología Energética en San Diego, California el 11 de mayo de 2001. No tratar todas las posibles posiciones de los ojos y la cabeza puede explicar por qué regresan algunos problemas tratados. Siempre se ha pensado, según los resultados de las pruebas musculares, que habíamos terminado de tratar algún problema, especialmente cuando habíamos tratado muchos problemas en torno a algún problema. Pero bien podríamos no haber sido tan minuciosos como pensábamos.

En la conceptualización de Elium hay 81 posibles combinaciones de posiciones de cabeza y ojos. Él ve las posiciones de la cabeza, y también las posiciones de los ojos, como si estuvieran en una cuadrícula que parece un tablero dentro de otro. Cada posición en esta cuadrícula podría ser una posición de cabeza y / o una posición de ojo con 9 combinaciones posibles. Por lo tanto, hay 9X9 = 81 posibilidades donde los problemas ocultos podrían anclarse. La cuadrícula o tablero es como la de un sudoku sin números.

Específicamente, la cabeza puede estar en 9 posiciones: hacia arriba izquierda, arriba derecha, arriba centro, hacia el centro, centro izquierda, centro derecha, abajo centro, abajo izquierda, abajo derecha. Los ojos también pueden mirar a cada una de esas zonas señaladas. Entonces, las combinaciones son 81, por ejemplo, tan sólo al tener la cabeza en posición de la zona arriba a la izquierda hay 9 combinaciones posibles, porque estando ahí y así, los ojos pueden moverse en las 9 posiciones ya mencionadas.

Don Elium enfocó su investigación en los casos de fallas en los tests de verificación muscular, que no toman en cuenta las demás combinaciones de cabeza y ojos. Lo que no dijo, es que esta investigación es útil también para los que usan Brainspotting, EMDR, Estimulaciones Bilaterales y Terapias Energéticas. Así que ya no es suficiente saber la dirección de la mirada, sino también tomar en cuenta la posición de la cabeza que la acompaña.

4.4.- LOS MEJORES MOVIMIENTOS OCULARES

*En este universo dual, los movimientos y estimulaciones bilaterales
están resultando útiles para la integración cerebral.*

En las Estimulaciones Bilaterales de movimientos oculares usadas en diferentes Técnicas Energéticas y/o de Integración Cerebral (EMDR, TFT, PET, Coaching Wingwave, Brainspotting, EMI, Brain Gym, etcétera) destacan los siguientes movimientos:

1.-Técnica de '9 Gamas', Roger Callahan comenta que: "*Algunas investigaciones muestran, por ejemplo, que cuando los ojos están abiertos, la parte posterior del cerebro recibe relativamente una mayor estimulación; cuando están cerrados, por el contrario, la parte delantera del cerebro es la que más se estimula. También he descubierto que la aplicación de golpecitos en el punto gamma (ubicado entre los dedos meñique y anular) mientras se mueven los ojos de determinadas maneras (abrirlos/cerrarlos; hacia abajo a la izquierda; hacia abajo a la derecha; girarlos en sentido de las manecillas del reloj, girarlos en sentido contrario al reloj; de abajo hacia arriba, y de arriba hacia abajo) puede contribuir a desmoronar una perturbación, reduciendo al mínimo o erradicando un problema psicológico de forma inmediata*".

2.-El ocho gigante horizontal. Valorado en EMDR y en Brain Gym, ha resultado un movimiento ocular de los más efectivos, algunos le llaman el símbolo del infinito.

3.- *Estimulaciones Bilaterales verticales* usadas en Alba Emoting, mirando hacia arriba mientras se inhala, y al bajar la mirada ir exhalando, se le puede ayudar al consultante pidiéndole que siga dos dedos de nuestra mano mientras la subimos y la bajamos.

4.-Los ejercicios del PET. La Técnica del Borrado del Dolor (PET, siglas de Pain Erasing Technique) son efectivos (me consta) y son tres:
a).- El consultante se tapa un ojo. El terapeuta le muestra dos dedos de una mano y los mueve en diagonal, de arriba hacia abajo, iniciando desde frente al ojo abierto, hacer un set de 5 movimientos. Luego, se hace el mismo procedimiento para el otro ojo.
b).- El consultante se tapa un ojo. El terapeuta le muestra dos dedos de una mano y los mueve en forma de U, iniciando a la altura frontal del ojo abierto, y terminando a la altura del ojo cerrado, hacer un set de 5 movimientos. Luego, se hace el mismo procedimiento para el otro ojo.
c).- El consultante se tapa un ojo. El terapeuta le muestra dos dedos de una mano y los mueve en profundidad diagonal, desde donde está el terapeuta, a la altura frontal del ojo descubierto del consultante, desde ahí lo mueve en profundidad diagonal (los matemáticos le llamarían el eje Z) hasta abajo en dirección del ojo cerrado.
La velocidad de los movimientos al principio es rápida y luego lenta. Hay que darse cuenta cuál de los 3 ejercicios y en qué velocidad le es más útil al consultante. La clave para termina esta técnica es cuando el ojo más disfuncional se "libera" o "destraba". Para saber esto nos podemos guiar con una Escala de Perturbación (USP).
También, la Técnica PET (Borrado del Dolor) de los Solvey y Joaquín Andrade, se puede usar para cerrar un tema o sesión donde quedara alguna sensación molesta, de perturbación o dolor emocional (o hasta físico).

5.-Barrido visual o Integrador de movimiento ocular. Usado originalmente en EMI por los Andreas. Se mi trata de abarcar, "barrer" o "escanear" todos los ángulos del plano visual (arriba, abajo, centro, derecha e izquierda) para lograr una mejor desensibilización y abarcar todos los cuadrantes de acceso ocular.

6.-El 'Lavado de Parabrisas'. También llamado aleteo en el Coaching Wing wave, es la manera en que estimulan bilateralmente los movimientos oculares de los consultantes para desensibilizarlos de un trauma o estado de malestar. Se le pide al consultante que siga con sus ojos, sin mover la cabeza, la ruta de los dedos del terapeuta, que suele recorrer el espacio a una altura ligeramente superior del nivel de sus ojos, en forma horizontal o curva.

7.-La Oscilación de P. Levine. Se trata de oscilar la mirada entre un punto en la pared catalogado como perturbador, y un punto en esa pared sentido como un estado positivo. Este vaivén bilateral se hace por unos minutos.

8.-Espirales. Usadas en EMI de D. Beaulieu para la fase de integración, al final de la sesión. Una espiral consiste que la mirada trazará esta desde la periferia hasta el centro, en sentido contrario a las manecillas del reloj. Otra espiral será seguida por la mirada trazándola desde el centro hasta la periferia del panorama, en el sentido de las manecillas del reloj. Ambas espirales abarcan todo el panorama de la mirada.

9.-El abrazo mariposa. Creado por Lucina Artigas, experta en EMDR, consiste en cruzar el brazo izquierdo hacia el pectoral derecho, y cruzar encima el brazo derecho hasta que toque el pectoral izquierdo. Entonces, con los dedos proceder a estimular bilateralmente o, mejor dicho: contralateralmente, los pectorales (zona dolorosa 7 cm encima de los pezones), los hombros y/o ambos lados de la clavícula. Se le puso mariposa porque la estimulación alternada semeja un aleteo.
Se respira suave y profundamente, mientras que se recuerda lo traumático que pasa por la mente y el cuerpo, sin juzgarlo ni reprimirlo. La duración de este ejercicio es según los deseos de cada persona.

4.5.- CÓMO USO EL TEST MUSCULAR

En esta ocasión, diré cómo uso el test de verificación muscular. En mi caso, entre tantos tests de este tipo, yo prefiero usar el O'Ring Bi-Digital o Anillo de Omura, patentado por el Dr. Yoshiaki Omura en 1993 (Patente 5.188.107 - 23 de febrero 1993).
1.-Froto mis manos varias veces para obtener energía en ellas, al mismo tiempo que me encomiendo a un Ser Superior para que me facilite una respuesta a lo que estoy solicitando.
2.-Realizo la postura Bi-Digital, que consiste en unir fuertemente el dedo pulgar con el dedo índice, ambos de la mano derecha, formando un aro.
3.-Con los mismos dedos pero de la mano izquierda, formo otro aro fuerte.
4.-Primeramente, para calibrarme en "on'" pienso: "Me llamo Juan Carlos Martínez Bernal". La respuesta de mi aro en la mano derecha tendría que ser que permanezca fuerte ese aro ante el intento de ser deshecho por parte de los dedos pulgar e índice de la mano izquierda que se introducen en aquel y tiran hacia el exterior.
5.- En caso de que no estuviera calibrado entonces realizo ejercicios de integración cerebral (Brain Gym, Deswitch, EFT, Psych-K, TAT, Estimulaciones Bilaterales, etc.), y volverme a calibrar, hasta que la respuesta sea un aro fuerte que no se deshace.
6.-Enseguida, para calibrarme en "off", pienso en un nombre falso, por ejemplo: "Me llamo María Hernández". La respuesta de mi aro en la mano derecha tendría que ser débil ese aro y deshacerse ante el intento por parte de los dedos pulgar e índice de la mano izquierda que se introducen en aquel y tiran hacia el exterior.
7.-En caso de que la respuesta fuera que no se puede deshacer el aro derecho (lo cual no tendría

que suceder) entonces realizo ejercicios de integración cerebral (Brain Gym, Deswitch, EFT, Psych-K, TAT, Estimulaciones Bilaterales, etc.), y volverme a calibrar, hasta que la respuesta sea un aro débil que se deshace. De no hacer esto, me expongo a que el test me arroje falsos positivos en las respuestas.

8.-Una vez calibrado en "on" y en "off", procedo a concentrarme (con intención) en la afirmación de lo que quiero saber, es decir, no se trata de preguntar para obtener un sí o un no.

9.-Realizo el test Omura aplicando todas mis fuerzas, tanto en mantener mi aro derecho, como en tirar con mis dedos izquierdos dentro de aquel. Realizo esto tres veces.

10.-El resultado muestra entonces la coherencia/fortaleza ("on") o la incoherencia/debilidad ("off") de lo afirmado/testeado. El que la mente consciente lo acepte o no, eso es harina de otro costal.

4.6.- ALGUNOS DE LOS MÁS POTENTES PUNTOS ENERGÉTICOS

"Todos los puntos energéticos de acupuntura suelen estar en hendiduras del cuerpo".
S. Freixedo

Chakra 1: Asociado a la glándula pineal, entrada y salida de energía del cuerpo. Suele estar en lo que se le llama "el remolino" del cabello de la cabeza.
También llamado Coronilla, por este punto pasa el meridiano 'Vaso Gobernador', se trata de un circuito que conecta con los órganos genitourinarios, digestivos y respiratorios. Tiene influencia en la espina dorsal, sistema nervioso, locomotor, los huesos, el ano, los órganos sexuales, el cerebro y el rostro.

Atrás de las orejas, en zona del lóbulo parietal: Zona que estimula la glándula pituitaria (Hipófisis). Usada por Access Bars y Brain Gym. Esta zona es parte del Triple Calentador, pero no representa un órgano; descarga el exceso de chi y cumple con 3 funciones específicas: *Digestiva*, de captación y transformación de alimentos; *Cardiorrespiratoria*, con función en la circulación de la sangre; *Genitourinaria*, con funciones eliminatorias y sexuales. Su desequilibrio se expresa con: dolor en el ángulo externo del ojo, dolor de cabeza, parálisis faciales, dolor de muelas, afecciones de garganta nariz y oíd, sordera, mente confusa. Mantiene un balance de lo que sucede afuera y adentro de nosotros. Para equilibrarlo es necesario verbalizar los sentimientos.

Orejas: En Brain Gym dicen que en cada oreja hay más de 300 puntos energéticos que se estimulan con los ejercicios que proponen tanto los Dennison como Luz Ibarra.

Puntos positivos: Situados a mitad de camino entre las cejas y el nacimiento de cabello

Tercer ojo/Chakra 6: Punto situado en el trayecto del meridiano del 'Vaso Gobernador', en la zona del entrecejo. Relacionado con capacidad de liberarnos gradualmente de limitaciones autoimpuestas y ver el contexto más amplio y verdadero de nuestras vidas. Si su energía está equilibrada y fluye bien, estarás más abierta a la percepción síquica y tu sentido de la intuición estará más desarrollado.

Inicio de la ceja: Situado justo por encima y a un lado de la nariz. Este punto se abrevia Ce para el principio de la ceja. Combate fobias y miedos, así como la impaciencia. Este punto pertenece al meridiano de la Vejiga.

***Ángulo interno de los ojos:** Usado como parte de la postura TAT.
Meridiano que inicia: de la Vejiga, se relaciona con el riñón, los senos frontales, la visión, el oído, el cuello, la espalda, la parte posterior de las piernas, las nalgas.
Meridiano que termina: Del Intestino Delgado. Cuando está en equilibrio se tiene discernimiento (capacidad que permite distinguir entre lo que se quiere y lo que necesita) y, por tanto, beneficia la capacidad de seguir adelante y la alegría interior.

***Lado del ojo:** Punto situado en el hueso junto al rabillo del ojo. Este punto está abreviado LO para el lado del ojo, o ángulo externo de cada ojo.
Meridiano que inicia: Vesícula Biliar. Para combatir corajes, resentimientos, traumas, autosabotajes psicológicos. Tiene que ver con la expresión plena del poder y la voluntad, la claridad en la toma de decisiones y la flexibilidad.

***Bajo los Ojos:** Punto ubicado en el hueso debajo de cada ojo, cerca de 1 pulgada por debajo de la pupila. Este punto se abrevia BO, bajo el ojo.
Meridiano que inicia: Del Estómago.
Meridiano que termina: 'Vaso Concepción', nutre y recarga los meridianos.
Por su ubicación, afecta los órganos sexuales, los aparatos reproductor, circulatorio y respiratorio, la menstruación, las hormonas masculinas y femeninas. Es el canal de la expresión creadora en todas sus manifestaciones.

***Bajo la Nariz:** Punto situado en el área pequeña entre la parte inferior de la nariz y la parte superior de su labio superior. Este punto se abrevia BN, para bajo la nariz. El mejor para combatir náuseas, mareos, vértigo, alergias, dolores menstruales, timidez, dolores físicos, problemas de riñones.
Meridiano que inicia: Ninguno.
Meridiano que termina: 'Vaso Gobernador' termina en el frenillo del labio superior, se trata de un circuito que conecta con los órganos genitourinarios, digestivos y respiratorios. Tiene influencia en la espina dorsal, sistema nervioso, locomotor, los huesos, el ano, los órganos sexuales, el cerebro y el rostro.

***Bajo los Labios:** A medio camino entre el punto de la barbilla y la parte inferior de su labio inferior. Este punto se abrevia BL para bajo los labios. Para trabajar traumas natales y prenatales, vergüenza y culpas. Permite la integridad y la circulación de la energía vital. Pertenece al meridiano 'Vaso Concepción'.

***Clavícula:** Este punto está abreviado Cl para la clavícula, aunque no es en la clavícula propiamente. Es al principio de la clavícula y lo llamamos el punto clavícula porque es mucho más fácil de decir que "el cruce donde se unen el esternón, clavícula y la primera costilla." Este punto contribuye a combatir miedos, indecisiones, baja energía, dolores, inseguridad.
Meridiano que termina: Del Riñón, tiene relación con la glándula suprarrenal, los riñones, huesos, pies y la parte interior de las piernas, la ingle y el diafragma; afecta la sexualidad y la voluntad. Su desequilibrio se expresa con: disfunción renal, hipertensión, constipación, dolor lumbar, problemas menstruales.

***Zonas dolorosas del pecho:** Importante para desbloquear autosabotajes psicológicos.

Localizadas en ambos pectorales, a medio camino entre los hombros y las tetillas. En la zona izquierda coincide con la glándula Timo.

Bajo el brazo: Punto energético para combatir resentimientos, corajes, impulsos a las adicciones, desconcentración y pensamiento lento. Situado a los costados del torso, en un punto a la altura de la tetilla (para hombres) o en medio de la tira del sujetador (para mujeres). Es cerca de 10 cm por debajo de la axila.
Este punto se abrevia BB, bajo el brazo. Pertenece al meridiano del Bazo/Páncreas, importante para la armonía del sistema digestivo y menstrual, tiene que ver con problemas de arraigo y extremidades inferiores; y lo obsesivo-compulsivo.

Corazón: Portal energético, chakra 4 de nuestro cuerpo. Silvia Hartmann incluye en su Receta Básica de EFT estimular curativamente esta zona poniendo encima las dos manos, primero la izquierda y encima la derecha. El corazón es un órgano de polaridad yin, cuya función es física y psíquica; además regular la circulación de la sangre, vigila toda la función mental-emocional, el disfrute de la vida, la dicha y el gozo. Su desequilibrio se manifiesta mediante: palpitaciones, angina pectoral, dolores del brazo, insomnio, histeria, pérdida de la facultad del habla; además en la "falta de espíritu", en la falta de entusiasmo por la vida; es necesario aprender a confiar y cultivar el gusto por la propia existencia.

Punto Karate: También llamado Punto K, o PK. Al estimularlo se desbloquea el autosabotaje psicológico. Usado por los Solvey como parte inicial de un protocolo para terapia de escena fundante. Está situado en el centro de la parte carnosa del canto de cualquier mano, entre la parte superior de la muñeca y la base del dedo meñique o, dicho de otra forma, la parte de la mano que usaría para dar un golpe de karate. Pertenece al punto 3ID, del meridiano del Intestino Delgado.

Punto Gama: Para integración cerebral, tratar la depresión, traumas, frialdad emocional, problemas de tiroides. Se multiplica su potencia si se acompaña con las 9 gamas sugeridas por Roger Callahan. Punto situado en el dorso de las manos, a 1 cm por debajo del punto central entre los nudillos a la base del dedo anular y el meñique. Pertenece al punto 2TC, del meridiano Triple Calentador.

Punto 4IG: Cuarto punto energético del meridiano del Intestino Grueso (IG), ubicado en el vértice que hacen los dedos pulgar e índice de cada mano.
Excelente punto para reducir o extinguir dolores de cabeza y de otras partes del cuerpo, problemas de intestinos y estómago.

Algunas preguntas y respuestas sobre los puntos energéticos:
1.-¿Cuánto tiempo es necesario aplicarse el tapping o técnica alternativa en un punto energético?
He visto que varios sugieren 5 minutos. Y con frecuencia de 2 ó 3 veces por día.
2.-¿En cuál lado corporal hay que estimular el punto energético, en el derecho o en el izquierdo?
En cualquiera de los dos, o en ambos de manera bilateral.
3.-¿Con cuántos dedos se aplica el tapping (golpecitos)?
Cada quien decide, la mayor parte de los expertos recomiendan dos dedos (el índice y el medio), otros dicen que solamente el dedo índice de la mano dominante?
4.-¿Solamente con tapping se estimulan los puntos energéticos?
Como dije en el libro "Técnicas Energéticas y de Integración Cerebral", hay varias maneras, por ejemplo, masajearlo suavemente, presionarlo con uno o más dedos; tocarlo y respirar

profundamente (Touch and Breathe); simular que se toca el punto y resbalar la mano o los dedos en el punto; imaginar intensa e intencionadamente que se toca el punto; etcétera.

4.7.- SOBRE LA RESPIRACIÓN

*"La respiración debe ser con la boca abierta,
porque así se estimula la reconexión".*
Carola Castillo

Berto Alós, sugiere respirar de manera continua solamente con la boca abierta y colocando un dedo a cada lado de la boca, para soltar el bostezo energético.

En una ocasión, una Maestra en Terapia Gestalt llegó a una clase y lo primero que hizo fue ponernos a inhalar y exhalar por la boca, de manera continua, lo que provocó que algunos tuvieran regresiones a estados infantiles de miedo o trauma, y que luego los trabajó con Gestalt de manera experta. Este tipo de respiración se parece mucho a la Respiración Holotrópica, de la que se diferencia en que esta última lleva todo un proceso más amplio.

Es util para la percepción corporal el gesto de que el paciente coloque su mano en el corazón. También el inhalar profundamente y exhalar a profundidad, tomando conciencia de la propia respiración, así como de la tensión-relajación de los músculos del cuerpo.

Cuando durante el proceso, los pacientes muestran cambios fisiológicos visibles, es decir, exhalan profundamente, relajan notoriamente los músculos, o se advierte un impulso motriz, es un signo de finalización de una fase, o de un periodo de tensiones; entonces, es momento de incidir en una nueva fase.

Por otra parte, en otro momento y para efectos relajantes, el consultante podrá respirar coloreando el aire en la inhalación y la exhalación, y el terapeuta estará atento a lo que proyecta en los colores. En otro momento, se le guiará a elegir los colores adecuados en sintonía con lo que inhala y lo que exhala.

Siempre tener presente las cuestiones de salud. Por ejemplo, con el tipo de respiración e boca abierta, se genera hiperventilación, la cual es peligrosa para los epilépticos, diabéticos y quienes padezcan enfermedades respiratorias o cardiacas, para los cuales hay que asesorarse médicamente sobre las consecuencias.

4.8.- DESTRAUMATIZACIÓN Y DIBUJOS

Bob Tinker y Sandra Wilson, citados por Jacques Roques (2007), trabajan con EMDR, usando dibujos hechos por los consultantes como parámetro para diagnosticar y evaluar el progreso de la destraumatización. Hay variantes para trabajar esto, por ejemplo, el niño (o persona de cualquier edad) realiza un dibujo de su problema (conflicto, trauma, o sufrimiento), y mientras observa su dibujo se aplica el abrazo mariposa y/o es estimulado bilateralmente con música o en alguna (s) parte (s) de su cuerpo por parte del terapeuta o de él mismo, con sus manos o a través de pelotitas (en hombros, rodillas, cabeza, manos o pies). El siguiente paso de esta técnica es que, en cuanto le nace al consultante hacer otro dibujo, que lo realice, tomando en cuenta desde el principio que no importa la calidad de lo dibujado. Entonces, una vez que realiza el segundo dibujo, proceder a lo que se indicó con el primero trazado. Esto se repite las veces necesarias, hasta que se obtenga un dibujo que sirva como imagen solución y no ocasione sufrimiento o conflicto en el consultante. Recordar que un dibujo también se puede calificar con la Escala USP (Unidades Subjetivas de Perturbación) que va del 1 al 10, incluso esta escala ha sido adaptada para el uso de los niños asociando un número con un animal de tamaño relativo a la intensidad de la perturbación, es decir, el 10 se asociaría a una ballena (enorme perturbación), y el número 1 se asociaría con una hormiga (muy poca perturbación), esto nos permitiría también, ir comparando el avance o estancamiento del reprocesamiento.

En una variante de esta técnica, facilité terapia a una niña de 6 años de edad, que presenta problemas para dormir (insomnio) porque está distraída pensando en recordar momentos de cuando sus padres discutían y se peleaban.
Le pido que realice un dibujo de lo peor de sus recuerdos. Una vez hecho, lo observa mientras se aplica estimulaciones bilaterales con el abrazo mariposa, luego una ronda con golpes alternados (bilaterales) en un cojín, y hay una tercera ronda con el abrazo mariposa, además de una cuarta ronda con golpes bilaterales en el cojín. Aclarando que en cada ronda observaba la niña el dibujo.

Después, le instruyo a que pinte de un color oscuro los recuerdos de las peleas de sus padres que vio. Lo hace en tres ocasiones que creyó necesario.
Es importante mencionar que al final de cada ronda bostezaba, que para mí es una señal de que está reprocesando adecuadamente sus recuerdos con la desensibilización.

Para la fase de integración, hace el movimiento-postura 'Nudos' de Luz Ibarra, también llamada 'whole brain o cerebro integrado', y luego la postura del 'hakini mudra' juntando las yemas de los dedos de cada mano.

Finalmente, quema la hoja del dibujo y junta las cenizas para esparcirlas en una maceta que tiene un helecho. Se retroalimenta y cierra la sesión, donde la niña afirma sentirse mucho mejor. Aún así, el proceso terapéutico apenas empieza.

4.9.- VISUALIZAR LUGARES ENERGÉTICOS

Un manantial, un árbol, una montaña, un volcán, un bosque, el mar, un lago, el césped, y una cascada, lugares energéticos que creo también hacen efectos en visualizaciones guiadas.
Visualizar bañarse en un manantial con cascada, beber esa agua.
Visualizar bañarse en el mar caminar en la playa.
Visualizar estar frente a un lago, caminar alrededor de él.
Visualizar que caminas en un bosque ¿Cuál es el primer animal que te encuentras en el camino y cómo lo describes, qué te transmite?
Visualizar que estás cerca de un volcán que conozcas ¿De qué manera puedes obtener energía de él, pidiéndole permiso?
Visualizar con los 5 sentidos el contactar los pies con la tierra, arena o agua (en mi jardín, patio, baño o en cualquier lugar externo) me relaja y me energiza.
Rodar en césped para descontaminarse energéticamente.

Carola Castillo dice: "Las visualizaciones pueden ayudar a dar con la implicación. Si a ti, lector, te cuesta avanzar en la vida o sientes que algo limita tu progreso, cierra los ojos e imagínate que delante de ti hay un gran muro que vas a escalar muy lentamente y con mucho esfuerzo. Mientras lo escalas, chequea los latidos de tu corazón, tus sensaciones, si sientes algún cambio de temperatura, ruidos, si estás relajado o ansioso, etc. Cuando llegues al tope del muro, observa si hay alguien detrás, si es una o son varias personas, de qué sexo es o son, si es alguien relacionado con la familia, si viene de la línea de papá o de mamá, qué sientes al verlos, y pregúntate qué está inconcluso con ellos. Diles: "Ahora los veo y los entiendo, y a partir de este momento les abro un espacio en mi corazón". Haz una inclinación con mucho amor y respeto hacia ellos y siente qué está pasando con el muro. ¿Sigues allá arriba?, ¿el muro desapareció?"

4.10.- REIMPRONTA MATRICIAL

> *"Las creencias controlan la biología Los investigadores han vinculado cientos de genes a cientos de características diferentes, pero los científicos rara vez han encontrado un gen que sea la causa de un rasgo o una enfermedad".*
> Bruce Lipton en "La Biología de la Creencia'

> *"Su sistema puede inundarse de adrenalina porque un ladrón corre hacia usted con un cuchillo. También, puede llenarse de adrenalina debido a un cambio estresante en el trabajo. Y puede inundarse de adrenalina en la ausencia de cualquier estímulo concreto que no sea el pensamiento que tiene sobre la próxima semana, una semana que no ha sucedido todavía, y que tal vez nunca suceda".*
> Dawson Chrurch en "El Genio en tus genes'

La Reimpronta Matricial fue creada por Karl Dawson a principios de la década del 2000, quien en ese entonces era uno de los 29 Maestros de EFT certificados a nivel mundial. El término: impronta se asocia al sistema por el cual los niños o adquieren las propiedades de sus padres mediante la observación y la imitación, Reimpronta es recrear nuevos programas en lugar de los antiguos.

Matriz fue un término que Dawson prefirió para el campo unificado de la energía. La Reimpronta Matricial se basa en una serie de principios clave. La primera es una teoría de la física cuántica que todos estamos conectados por un campo unificado de energía, conocido como El Campo o la Matriz. Nuestras experiencias de vida más difíciles se mantienen como imágenes en La Matriz en forma de hologramas de conciencia energética o ECHO, por sus siglas del inglés *Energefic Consciousness Hologram*, que permanecen en campos locales, como partes energéticas disociadas y traumatizadas. Con la Reimpronta Matricial, nuestra mente subconsciente puede interactuar con estos ECHOs para transformar las imágenes del pasado y reemplazarlas con otras de apoyo.

Dawson se dio cuenta que las subpersonalidades a menudo eran los ECHOs, las partes congeladas, disociadas con el yo que conservaban los recuerdos traumáticos, los conflictos no resueltos y las creencias negativas que necesitaban sanación y amor.

Trabajar con los ECHOs, es trabajar en la transformación de las imágenes y creencias asociadas a esos ECHOs. En la Reimpronta Matrricial, los ECHOs son los consultantes, así que el consultante les agradece por retener el trauma, y se imagina haciendo tapping en ellos para ayudarlos a liberar el trauma. Al mismo tiempo, se hace tapping físicamente en los puntos energéticos de su propio cuerpo. Tanto EFT como TFT y Reimpronta Matricial son técnicas de psicología energética que trabaja con los meridianos de energía que teoriza la Acupuntura china. La diferencia es que con EFT borramos la energía negativa de sucesos traumáticos, y con la Reimpronta Matricial transformamos realmente lo que sucedió. Además, para Karl Dawson, la Reimpronta Matricial es más efectiva con consultantes disociados que expresan no tener emociones o sentimientos de su ECHO, lo que para otras técnicas constituye una gran dificultad para trabajar.

Dawson (2012) comenta que: "Entre el nacimiento y los dos años de edad, los bebés se encuentran la mayor parte del tiempo en un estado de actividad de ondas cerebrales Delta, y entre las edades de dos y seis años, los niños están predominantemente en un estado de actividad de ondas cerebrales Theta. Delta y Theta son los estados de ondas cerebrales que los hipnoterapeutas utilizan con sus clientes con el fin de que sean más sugestionables".

El ser humano tiene tres posibles respuestas ante un peligro: lucha, huida o congelamiento. La respuesta de congelamiento es un estado bioquímico que está diseñado para ayudar a nuestra supervivencia; debemos este descubrimiento a Robert Scaer, quien lo vio en animales quienes, para su fortuna, al terminar el peligro descargan una respuesta adaptativa, lo que no sucede en la mayoría de los seres humanos, en quienes se generan "cápsulas de trauma" durante la respuesta de congelamiento. En el trauma emocional humano, además, suele generar creencias, imágenes y sensaciones de vergüenza y culpa, en otras ocasiones es miedo, impotencia o tristeza. El ECHO sigue vivo en el inconsciente o, mejor dicho, en una parte de nuestra Matriz o campo local, y nos programa respuestas frente a futuras situaciones similares.

A la Maestra en EFT Carol Look se le ocurrió la idea de que podríamos volver a un suceso en el que no descargamos la respuesta de congelamiento y descargarla con EFT. A Karl Dawson se le ocurrió trabajar esto con la Reimpronta Matricial.
También, en sus investigaciones, Dawson se dio cuenta que para cambiar las creencias de sus consultantes no era suficiente usar EFT para liberar la información que el ECHO había tomado sobre el trauma. Para muchas personas puede quedar un vacío si simplemente se elimina la energía negativa con EFT y no se sustituye con algo positivo.

Algunos facilitadores han desarrollado visualizaciones guiadas para llenar este vacío. Otros lo han llenado con Reiki, o usando PSYCH-K reprograman la mente subconsciente con creencias positivas. Con Reimpronta Matricial no hay necesidad de emplear otra modalidad para llenar este vacío, ya que se llena con la nueva imagen. La imagen negativa en sí tenía que modificarse o transformarse dentro de su campo, sin negarla. Además, Karl encontró que esta imagen negativa estaba asociada a la Ley de Atracción, vibrando en esa frecuencia inadecuada desde el origen del trauma.
Entonces, cuando se ha liberado todo el estrés y el trauma del incidente, se procede a crear una imagen nueva y positiva. Aunque no hay reglas, conviene analizar la posible reubicación del ECHO a un nuevo lugar, preferentemente donde se sienta con seguridad, confianza o serenidad.

4.11- ENERGÍA Y TERAPIA A PERSONAS COMPLICADAS Y SUS EXPEDIENTES

"La cantidad de lenguaje indirecto usado en terapia debe estar en proporción enlazada a la resistencia percibida en el paciente". J. Zeig

Han existido ocasiones en que por diversas situaciones he tenido que afrontar entrevistas difíciles con personas complicadas (jefes de cárteles de narcotráfico, multihomicidas, sicarios, etcétera). En casos así, además de que me preparo espiritualmente, también acostumbro a dar energía a los expedientes de esas personas, me refiero a brindarles "energía universal" con imposición de manos (tipo Reiki), estimulaciones bilaterales y oraciones dirigidas a las personas de esos expedientes. Y estando frente a ellos, procuro estar protegido espiritualmente con los pies cruzados, protegiendo mi plexo solar con una o ambas manos. También es importante estar previamente Centrado (ver subcapítulo al principio de este libro) para poder tolerar los momentos de energía densa, rechazo o agresividad de parte de ellos.

De acuerdo con lo que dice Zeig en la frase que adorna este subcapítulo, se sugiere facilitar dibujos, cuentos y tests proyectivos (Figura Humana, Árbol y Casa, HTP, Dibujo de la Familia, Persona Bajo la Lluvia, Frases Incompletas de Sacks, Cuentos y metáforas diversas, etcétera). También, valoran técnicas muy concretas para relajarse reestructurar sus preocupaciones y sufrimientos, para esto se sugieren técnicas de manejo de submodalidades PNL.

4.12.- PRANAYAMAS E INTEGRACIÓN CEREBRAL

Ahora te hincas ahí en el suelo, o te colocas de rodillas con dirección al Oriente (Oeste), hacia donde sale el sol. Inclina la cabeza un poco hacia abajo, apenas un poco, no mucho. A continuación deben hacerse unos 3 Pranayamas, así:
Coloca el dedo índice de la mano derecha sobre la fosa nasal izquierda, inhala por la fosa derecha.
Ahora presiona con ambos dedos, índice y pulgar, las dos fosas y detienes el aliento por unos cuantos segundos.
Seguidamente, destapa la fosa izquierda y exhala todo el aire; a continuación inhala por la fosa nasal izquierda, tapando la derecha con el pulgar, presiona con índice y pulgar y detiene el aliento y luego exhala por la fosa derecha; esto es un *pranayama* completo. Se repite el ejercicio dos veces más, hasta completar tres Pranayamas.
Ya hecho ese ejercicio, ahora baja su cabeza, entre en oración con la Divina Madre Kundalini (o como la conciba), suplicándole lo que usted necesita, la curación, una facultad, la desintegración de un ego, desarrollo de un chakra, etcétera.

4.13.- EJERCICIO DE INTEGRACIÓN CEREBRAL DENTRO-FUERA

1.-Mientras caminamos, mover una mano hacia el interior (abdomen) y una mano hacia el exterior (a una distancia de 30 cm ó más del abdomen), simultáneamente, además de decir en voz baja "dentro", estando concentrados en seguir con la mirada la trayectoria de una de las manos (por ejemplo, la izquierda) al interior del propio cuerpo. Luego, al decir "fuera", nos concentramos en mirar como la mano izquierda tiene su trayectoria hacia el exterior de nuestro cuerpo. Hacer el punto 1 durante 3 minutos.

2.-Se repite el ejercicio anterior, esta vez concentrando la mirada en la mano derecha. Hacer el punto 2 durante 3 minutos.

3.-Se repite el paso 1, esta vez, concentrándose en mirar que las dos manos se tocan con las yemas de los dedos, tanto al momento de llevarlas hacia el abdomen del cuerpo (primer momento) como cuando las llevamos hacia el exterior. Hacer el punto 2 durante 3 minutos.

4.-Se repite el paso 1, esta vez, concentrándose en imaginar que al entrelazarse las manos, tanto al llevarlas el abdomen del cuerpo (primer momento) como al llevarlas exterior surge una energía de ese entrelazamiento.

4.14.- MI POSTURA FAVORITA

En esta postura combino varios elementos que iré señalando.

1.-Cruzar los pies. Se cruza el pie dominante sobre el pie no dominante.

2.-Se levantan los brazos y se cruzan las manos sobre la nuca, específicamente que la parte inferior de las manos se coloquen bajo la base del cráneo en sus dos lados.

3.-Al momento de estar levantando los brazos, es importante que los codos se muevan hacia atrás durante unos 5 segundos, en un movimiento que tensará la zona superior de la espalda, para luego destensarla. Esta acción se repetirá en varias ocasiones.

4.-Luego, se logrará que todo el cuerpo se tense durante unos segundos, para entonces aflojar un poco la postura, se repite tres veces esta acción.

5.-Finalmente, se respira profundamente en varios ciclos y se van descruzando lentamente las manos y los pies.

5.- CONSTELACIONES FAMILIARES Y ENFOQUES AFINES

"Imagine que está frente al paciente. Los dos se miran y usted se inclina levemente ante él.
Observe qué sucede en ese momento si usted exhala y dice sí". Ursula Franke

A este mundo no venimos a estar solos, compartimos con millones de plantas, animales, personas y otros seres.

*El asentir no es derrotarse, es centrarse en el alma
y luego desplegarse honrando, recibiendo
y agradeciendo, disculpándose y perdonando.*

Dentro del estilo de terapeuta que ido desarrollando, me di cuenta de que me he desempeñado mejor facilitando constelaciones individuales, más que las grupales. Por eso he escrito en otros lugares que no me parezco, ni quiero parecerme, a Bert Hellinger.

Para constelar en lo individual, se puede optar por prevalecer el enfoque que más domine el constelador, por ejemplo, la Terapia Gestalt, adoptando las diversas posiciones de los representantes familiares elegidos, la metaposición, la integración de polaridades, la esencia de la silla vacía o de la silla caliente. La Terapia Sistémica, con elementos del Perdón, la Disculpa, la relación de perpetradores-víctimas, la fuerza de los ancestros, los linajes significativos, los órdenes del amor, etcétera.

Dado que el cuerpo nos sirve de caja de resonancia y portador de gran información, son útiles los ejercicios de percepción corporal, respiración abdominal y de relajación muscular o mental.

Á veces se puede encontrar más de una dinámica oculta, por lo que se tiene que atender la dinámica oculta prioritaria, para después atender la restante. Por ejemplo, Ursula Franke, narra en su libro *"Cuando Cierro los Ojos te puedo ver"*, un caso donde una consultante expone un, motivo de consulta sobre una separación con su esposo, sin embargo, en la configuración que se hace de su representante, se hace evidente que mira hacia abajo y no hacia el representante de su esposo; surgiendo entonces un duelo no resuelto por la muerte de un hermano mayor, siendo importante la inclusión de la madre en la Imagen Solución para esta dinámica de duelo.

Como parte de los recursos usados en constelaciones individuales, a las tapas (fichas) se les puede pegar encima una cubierta acartonada con un señalamiento triangular que simule la dirección de la mirada de un representante, y se pueden usar las tapas de diferentes tamaños y colores.

5.2.-TRABAJAR CON LA FAMILIA INTERNA

El primer amor no es la primera novia; es la madre,
la primera mujer en la vida.

La técnica denominada "FAMILIA INTERNA", creada por la psicóloga Tivisay Guerrero, la basó en profesionales que han destacado en las Constelaciones Familiares grupales e individuales (señala a Bert Hellinger, María Colodrón, Ursula Franke y Carola Castillo), además de otros personajes como el Bioquímico Joe Dispenza, algo de Psicoanálisis (aspectos de consciencia e inconsciente), y conceptos informáticos que ha manejado en su desarrollo laboral (lo referente al Programa Raíz y la Reprogramación).

Mediante el empleo de un dispositivo terapéutico concreto que le permitiera al paciente proyectar los aspectos internos que surgían durante la exploración clínica, a Tivisay se le ocurrió que la manera sería a través de 4 figuras planas (que se deslizan en una mesa, como si fueran piezas de un rompecabezas) de distinto color, sin expresión, números o leyendas. Solamente el terapeuta sabrá a quién representa cada color, para no prejuiciar al consultante. Las 4 figuras, que pueden ser de madera, plástico o de algo sólido, están basadas en la familia nuclear: un padre, una madre, los (as) hermanos (as) y el propio consultante. De aquí surgen varias combinaciones que la autora explica en su libro, basándose principalmente en las distribuciones de las figuras, si están: arriba, abajo, lejos, encima, en medio, al lado, afuera.

Luego del trabajo con el paciente, donde ha distribuido las siluetas y le hemos dado la interpretación de la imagen generada, se le muestra la imagen de familia estructurada, reordenando las siluetas. Si se considera que no habrá otro momento terapéutico o que pasará un tiempo antes de continuar con el mismo, se puede dejar el trabajo hasta este punto. Si, por el contrario, se considera que habrá una continuidad, es recomendable se concluya la sesión con la distribución dada por la persona, interpretándola sin mostrarle el orden familiar. Con esto se mueve al paciente emocionalmente y se le permite el Insight sobre el porqué de su comportamiento o patrón de conducta. En la siguiente sesión se puede retomar la gráfica dada por este, seguir el análisis terapéutico y reestructurar el orden familiar.

Entre las aportaciones novedosas de esta técnica, están las siguientes:
Contratos ocultos: huellas emocionales de las relaciones familiares que arrastramos desde la infancia hasta la vida adulta y que tienen una importante y trascendente influencia en nuestra relación con otros roles en el entorno, bien sean familiares, afectivos, sociales, laborales, entre

otros. Los tipos de Contrato pueden ser: de reto o demostración; Adquiridos o de compromiso; y de Castigo.

Programa Raíz: Ese que parte de nuestra Familia Interna y que grabamos de manera inconsciente en la niñez, basado en el lugar que ocupamos en ella, como modo de defendernos o cuidarnos muchas veces de lo que no queríamos o no entendíamos. Éste es la base de nuestras maneras de relacionarnos, así que todas las respuestas y acciones estarán condicionadas por dicha raíz, el problema es que la mayoría de nosotros no tenemos conciencia de esto, por lo que en la actualidad se nos dificulta entender muchas de nuestras conductas y circunstancias. Ejemplos de estos programas: no merezco el amor de mamá; negación de sí mismo; y varios programas de raíces de amor.

Conductas Obligadas: Creando y asumiendo el consultante nuevas conductas y actitudes frente a las circunstancias que se le presenten en lo sucesivo. Quizás el término "obligadas" se confunda inicialmente con imposición por parte del terapeuta, lo cual resultaría contradictorio con lo que se busca en el ejercicio clínico. Por el contrario, se trata de que la misma persona ejerza cierta presión según su ritmo e interés, sobre su manera acostumbrada de relacionarse y que le ha venido causando incomodidad o conflictos. Para esto debe primero reconocerla y determinar el cambio que desea.

Yo ya pedí que un carpintero me cortara 10 figuras o "siluetas indefinidas" como las que recomienda la autora de este método, y mi esposa me ayudó a pintarlas con acuarela, cada una de un color diferente, y sabiendo solamente yo como facilitador qué figura de tal color representaba al consultante o a otro familiar (padre, madre, hermana, hermano, abuelo, abuela). Hasta el momento he facilitado poco más de 10 casos, mencionaré los 3 más interesantes.

En el primer caso que facilité usando esta técnica, la consultante en su imagen inicial colocó en un nivel superior a sí misma, a su pareja, y a dos hijos a los lados, además de colocar en un nivel inferior a su hija de mayor edad. Es decir, se nota aquí que hay desorden familiar en la imagen inicial. Al retroalimentar esto, se da cuenta que esa configuración coincide con conflictos observados en la familia. Luego, en movimientos que surgen de sus impulsos, coloca a todos los miembros y a sí misma en un abanico, girando en un centro vacío, se retroalimenta esto también. Finalmente, se colocan las dos figuras parentales en el nivel superior, y las tres figuras representantes de los hijos en el nivel inferior, quedando satisfecha y cómoda la consultante.

En un segundo caso, el consultante colocó la "silueta" que lo representó, arriba de las demás (madre, padre, una hermana y dos hermanos). Explicó soberbiamente que es él quien lleva la batuta de su familia y procura darle consejos a sus hermanos y hermana, ésta última la hija mayor de la familia.
Después, comentó que estuvo enojado con su madre durante varios años, y con su padre se llevaba relativamente bien. Le pregunté qué pasaría si se pusiera al mismo nivel de sus hermanos y a un lado de la hermana mayor, respetándole a esta su rango. Contestó que está bien porque no se había detenido a ver esta posibilidad de estar al parejo de ellos como hijos. Y cuando le sugerí que colocara a sus padres en la parte de arriba de la familia, respondió que a pesar de cómo fueron con él los reconoce como sus padres. Se finaliza con esta imagen solución y la guarda en su corazón. Se continuará su proceso terapéutico con otros métodos y estrategias.

En el tercer caso, por motivo de consulta de querer trabajar sobre su relación con su hijo, un adulto empieza configurando su familia secundaria (él mismo, su expareja y ese hijo que procrearon). Coloca a su hijo a su mismo nivel (de ella y de él) y en medio de ellos. Al preguntarle sobre esto responde que desde que era bebé el hijo lo tenían o en la cama o en una cuna muy cerca de donde dormían, lo que ocasionó diversos problemas, reconociendo hoy que fue un error haber permitido eso. Luego, se le sugiere que ponga a su padre atrás de él, y a su hijo debajo de él (de la silueta del consultante), para saber qué sensación tiene sobre el linaje masculino que lo antecede y lo precede. Después, se pone la nueva pareja de su expareja, con quien dialoga sobre su hijo. El consultante recurre a Dios como algo que lo ayudará en esta etapa difícil de su vida, para representarlo escoge 3 siluetas apiladas y las coloca encima de su silueta, reportando sentirse más cómodo y seguro así. Expresa unas palabras a su ex pareja y finalmente, dialoga con su hijo y llegan a algunos acuerdos. En la imagen final, su hijo está abajo de él y de su ex pareja, ésta tiene a su izquierda a la silueta del consultante, y a la derecha a su actual pareja; y el linaje masculino del consultante sobresale, con sus defectos y virtudes ya comentadas durante la sesión.

Las fichas de Familia Interna, en ocasiones, las he usado como me dicta mi intuición y creatividad al encimarlas (apilarlas), voltearlas, juntarlas, separarlas.

Una vez, una persona buscó una ficha para el amor, unión, la cárcel, un país, etc.
A veces les pregunto: ¿qué o quién sientes que falta?

5.3.- MOVIMIENTOS EN CONSTELACIONES
En una constelación individual, el consultante puede hacer movimientos con su cuerpo, como reverencias reales, hincarse, inclinarse, etc.
Para que el paciente pueda percibir bien cómo está parado en el piso y, en general, para que adquiera mayor estabilidad, hago que se quite los zapatos al iniciar la sesión.
Para pedir una inclinación en el consultante, se puede hacer de manera gradual al pedirle que primero incline la cabeza a los lados, luego que baje el mentón hacia el corazón, etc. La inclinación representa un profundo "sí" (asentir), y suele ser parte del ritual de la conclusión de una constelación.

El propio terapeuta podrá situarse en los distintos lugares, describir sus percepciones y experiencias, y conversarlas con el paciente. Si fuera útil, puede recurrir al contacto físico, por ejemplo, tocar el hombro derecho del paciente para asumir que representa a su padre.
Los Movimientos de Apertura, están asociados con los sentimientos primarios, las personas suelen tener los ojos abiertos, y casi no buscan la ayuda terapéutica. Están orientados hacia el encuentro o contacto con otras personas u objetos. En este movimiento hay asentimiento, relajación, interés, vitalidad, creencias positivas y es fortalecedor. Hay que detectar si hay algún "movimiento interrumpido de apertura", que sobre todo sucede en edades postnatales e infantiles.

Carola Castillo menciona: "*La práctica terapéutica con los clientes que han sufrido de un movimiento interrumpido consiste en recrear el proceso de concepción, gestación, nacimiento y crecimiento del niño. El objetivo es que el hijo (cliente) pueda finalizar el movimiento hacia sus padres de forma exitosa, y así alcanzarlos e incorporarlos, para que poco a poco pueda aprender a acercarse a los demás sin desconfianza, amigablemente.*
El punto crucial de esta práctica terapéutica se presenta una vez que el bebé ha nacido, cuando su madre (terapeuta) lo toma con mucho amor y lo apoya contra su pecho. El mejor lugar es

donde late el corazón. Las palabras para con el bebé (cliente) son: "Estamos felices de que estés aquí", "Eres el bebé más bello del mundo", "Papá y yo te hemos esperado mucho tiempo", "Tú tienes el papá y la mamá más bellos del mundo".
El Movimiento de Retracción, está asociado con los sentimientos secundarios, suelen tener los ojos cerrados o "cegarse" emocionalmente. Son originados como una estrategia o mecanismo de defensa para retirarse, protegerse o asumir una negación ante traumas o situaciones muy complicadas experimentadas en lo familiar. En este movimiento hay tensión, rechazo, rencor, defensividad, creencias negativas y es debilitante.

¿Cómo se encuentra parado un consultante/representante en una ubicación (propia, del padre, de la madre, de un abuelo, de su pareja? ¿Cómo está en aspectos como peso, respiración, equilibrio, movimientos de hombros, manos y pies; dirección de la mirada, temblores, sensaciones corporales, tipos de sentimientos, expresiones y gestos en rostro, etcétera?
Cuando se requiere del paciente algo que no puede resolver o que está en contradicción con sus propios impulsos profundos y deseos, manifiesta confusión, se le puede preguntar ¿Cómo te sentirías si retrocedieras unos pasos?
¿A qué distancia te sientes mejor o más cómodo? ¿Hacia dónde te quieres mover? En cada cambio de la imagen (movimiento de representante o del consultante) hay que percibir y verificar los parámetros corporales, verbales, paraverbales y respiratorios.

5.4.- TRABAJAR CON ADICCIONES

Carola Castillo (2013) comparte un ejercicio para los que son adictos: "En Constelaciones Familiares se observa claramente que las adicciones son profundas lealtades con alguien en la familia, y lo más significativo es que hay otras maneras de ser leal.
Hay visualizaciones que pueden ayudar a identificar a quién de la familia le guardamos esta lealtad. Si fumas compulsivamente, puedes cerrar tus ojos e imaginar frente a ti una gran montaña de cigarrillos consumidos, una gran torre de colillas, y sentir el olor que emana de ella y todas las sensaciones que te genera ver ese cuadro. De pronto te percatas que, en su base, esta montaña tiene un hueco. Entra por el hueco y fíjate si ves a alguien. ¿Lo reconoces? ¿De qué sexo es esa persona? ¿Se te parece a alguien?

Con los bebedores, la imagen sería la de una piscina llena de alcohol, en la que se pueden sumergir y ver quién está en el fondo. Con respecto a los obsesivos con el dinero, la imagen podría ser una caja inmensa, llena de billetes arrugados y de mucho uso, en la que se van a lanzar a buscar a un miembro de su familia. Los adictos al juego pueden imaginar una gran ruleta que, en vez de números, tenga las caras de los miembros de la familia. Se pueden imaginar a la bolita girando hasta que se detenga.

¿Sobre qué miembro se detuvo? Una vez que hayas identificado quién es la persona con quien te encuentras ligado, puede ser papá, mamá o un tío excluido, imagínatela diciéndole: "Ahora estoy aquí y veo lo que has hecho, pero ya no hace falta", "Yo soy tu mejor droga", o "Yo soy tu mejor alcohol", "Drógate conmigo, bébeme todo". El objetivo es darle la bienvenida en nuestro corazón a
esa persona cuya ausencia nos genera tanto dolor (circunstancia que nos conecta a la familia), para que ya no surja la necesidad de anestesiarte.

Para verificar si la persona encontrada es aquella a la que guardas lealtad, cada vez que sientas ansias de fumar, beber o incurrir en tu adicción, imagina frente a ti, observándote, a la persona que hallaste en tu visualización. Cuando tengas la imagen clara, dile: "Ahora te veo. Los dos hemos hecho lo mismo.

Dame tu bendición si no fumo tanto, si ahora lo hago diferente". Si la ansiedad disminuye, es porque diste con la persona correcta. Sólo queda trabajar para lograr una reconexión menos perjudicial con ella".

La persona que está recibiendo tratamiento terapéutico para desintoxicarse, no solamente lo está para hacerlo en relación a las drogas, también es para desintoxicarse de creencias negativas, traumas añejos, parejas tóxicas, dependencias y codependencias a personas tóxicas y a reacciones de su niño interior herido.

5.5.- INTRODUCCIÓN A CONSTELACIONES FAMILIARES

*"Milton Erickson, trabajaba con el paciente identificado de una familia,
antes que con el contexto social más amplio de este grupo".*
M. Pacheco

*"Asintiendo a ambas partes, felicidad y sufrimiento,
podemos crecer, porque van unidos".*
B. Hellinger

*En un conflicto suele haber por lo menos 4 involucrados:
dos personas físicas y dos personas percibidas dentro de esas mentes.*

En un módulo de Constelaciones Familiares recibido en el Instituto de Terapia Guestalt Región Occidente (INTEGRO) en el año 2008, anoté esto que me brindaron:
-Para liberarse de un sentimiento adquirido de alguien (transgeneracional), hay que decirle en físico o al representante de esa persona: "esto es tuyo y a mí no me corresponde, y yo me quedo con lo mío".
-La arrogancia suele ser un patrón transgeneracional.
-Hincado el representante del hijo le pregunta al representante del papá: "¿dónde estás?"
-Aunque en la constelación se detecten otras problemáticas, hay que centrarse en el consultante y en lo que afecte o beneficie a éste.
-Un empleado doméstico no forma parte del sistema, a menos que tenga lazos sanguíneos o lazos afectivos significativos con algún miembro.
-La exclusión de un miembro se da cuando éste atenta contra otro miembro del sistema, más allá de que lo mate o no.
-Una exclusión no es definitiva.
-Pon tu cabeza en el corazón de tu madre.
-A un representante: realiza tu impulso (muévete a donde te lleve tu impulso).
-Un duelo no se constela, a menos que ocasione sufrimiento.
-El consultante o su representante puede elegir a alguien que represente la emoción que siente, y

esto nos dará una pista.
-Si una figura parental niega el acceso al otro, entonces el hijo se venga de alguna manera, como en la drogadicción.
-En un aborto espontáneo no hay responsabilidad, en uno provocado sí y hay que asumirlo.
-Coloca a ese familiar a una distancia que lo soportes
-El representante de un bebé se sienta, para simular su estatura.
-Al tocar en los hombros a una persona para elegirla como representante, le estamos facilitando la apertura de un canal energético para conectarlo al sistema que se está trabajando.
-Trabajar más con el agredido (víctima) que con el agresor.
-Frases de un hijo que se siente agredido por su padre: sólo soy tu hijo…, tu primer hijo varón…, yo soy el chico…, te necesito papá…, me haces mucha falta…, recíbeme como tu hijo…, por favor, papi… necesito que me aceptes…, que me dejes ser…, que me dejes crecer…, necesito de tu fuerza, papi…, para ser grande, para ser hombre…, gracias papá por darme fuerza, la necesito para poder ser lo que necesito ser.

5.6.- MIS APUNTES EN DIPLOMADO DE CONSTELACIONES FAMILIARES

De agosto 2007 a diciembre de 2008 realicé un Diplomado en Constelaciones Familiares, organizado por Universidad de Colima y el Centro de Soluciones Sistémicas Vinculum Cor, dirigido por la dupla de consteladores Mariano Bustamante y Leonor Gutiérrez.

Los apuntes que realicé en aquel entonces, junto con información extraída de los textos que me proporcionaron, los volví a revisar y corregir a la luz de este año 2019. Si pusiera todo lo que recibí, llenaría más de 80 páginas, por lo que me limitaré a compartir solamente lo que considero más importante de esos textos en este libro, dejando de lado información ya conocida en otros libros.

Una de las sugerencias que más me gustó en este Diplomado es que enfatizaron es que había que adecuar nuestro estilo a las Constelaciones Familiares. O sea, que no era obligación constelar como Hellinger o como los facilitadores Mariano y Leonor. Existen consteladores cálidos, gestálticos, fríos, con tendencia organizacional, con tendencia pedagógica, con tendencia familiar, con tendencia a constelar individualmente, con tendencia a constelar grupos, etcétera.

El proceso resumido de una constelación familiar es el siguiente:
1.-Definir el motivo de consulta y breve entrevista.
El lugar que le corresponde al constelador es a la izquierda del consultante (a la cola de la constelación). Después de un breve rapport, se busca el tema-asunto-hecho a trabajar (solamente uno), qué es lo que quiere lograr, qué es lo que busca con este trabajo. De preferencia que lo defina en una, dos o tres frases, y planteado sistémicamente. Luego, se le hace una breve entrevista para recabar datos familiares importantes sobre enfermedades, muertes, accidentes, etcétera, que pudieran estar relacionadas con el tema a trabajar. Preguntar cómo se manifiesta en los hechos el tema. Si no tiene definido un tema, entonces podemos optar por ayudarle a clarificarlo con metamodelo PNL, y en el peor de los casos que permanezca confundido o indeciso, entonces no constelarlo y decirle que esperaremos otro momento hasta que clarifique su tema de consulta.

2.-Se le explica brevemente al consultante lo relacionado para trabajar con Constelaciones Familiares (Encuadre de Constelación Familiar). Tal vez con la metáfora de las constelaciones de las estrellas. Luego, se le invita al consultante a "buscar juntos…" una solución al asunto que plantea. Y se le insta a que configure la imagen inicial con el número de representantes que el constelador crea pertinente.

3.-El constelador plantea la hipótesis inicial de Constelación Familiar.
El constelador observa detenidamente durante varios minutos para identificar cuáles dinámicas ocultas y principios incumplidos están presentes, para entonces plantear una hipótesis de atore y solución; detectando los personajes-elementos claves del sistema a trabajar con base en la hipótesis hecha, recordando que, de inicio, se seleccionará la menor cantidad posible de representantes:
Dinámicas Ocultas:
1.-"Mejor yo que tú". 2.-"Expiar/Cargar la culpa". 3.-"Te sigo".
Principios Incumplidos:
1.-Compensación. 2.-Orden. 3.-Pertenencia.

4.-El consultante configura la imagen inicial-imagen de atore (referida al tiempo pasado).
Se instruirá al consultante a que escoja representantes para los elementos sistémicos elegidos, sin faltar un representante para él.

5.-El constelador tendrá la opción de pedir movimientos de impulso (que les "nazca" el impulso de hacerlo a los representantes), para observar dinámicas ocultas y plantear posiblemente una nueva hipótesis, en caso de confusión en el desarrollo de la constelación. O sea, no son obligatorios estos movimientos.

6.-El constelador hace uso de frases de atore-enfermizas para calibrar sensaciones del Paciente Identificado (PI, o sea, quien representa al consultante) y/o de otros miembros configurados.
Indispensable mostrar (no imponer ni pelear) al representante-PI su atore y que lo reconozca, que lo sienta sinceramente. En esta fase es importante facilitar al PI a que libere emociones bloqueadas a través de frases rudas.

7.-El constelador tiene la opción de dar al consultante una retroalimentación breve de lo que ha surgido en la Constelación Familiar.
Esto a través de resignificar y recapitular algunos momentos retomando las posiciones vistas, frases de atore y frases sanadoras. Sin embargo, no caer en la explicación abstracta o meramente racional, inclusive se pueden decir historias y metáforas.

8.-El constelador tiene la opción de hacer-pedir movimientos libres estratégicos con algunos representantes pero teniendo una intención de mostrar/inducir atores/sanaciones, aunque sólo se recomiendan cuando no tenemos certezas y sólo servirán de diagnóstico para formular una posible hipótesis.

9.-El constelador hace uso de frases, gestos y movimientos sanadores
para calibrar sensaciones del PI y/o de otros miembros configurados. En esta fase caben aspectos de honrar, agradecer, reconocer, reverenciar, etc.

10.-El constelador configurará la Imagen de Solución (referida al tiempo presente)
-Será referida y relacionada con el tema (imagen) inicial de consulta.
-Calibrar la imagen de solución y si es cómoda para el representante PI entonces será el momento

para que instemos a que el consultante tome el lugar de su representante y que diga cómo se siente.
Importante, no siempre es pertinente poner al consultante en esta fase, a veces no se pone o se pone desde el inicio de la Constelación Familiar.

11.-Finalizar la sesión
Decirle que lo trabajado en esta Constelación Familiar actuará en su interior en los próximos días, semanas y meses, y que deje, sin forzarse, que le vayan "cayendo los veintes". Que esto actúa a niveles espirituales e inconscientes sin saber nosotros el por qué. Respira profundo y llévate esta imagen en tu corazón, tómale una foto…Yo creo que hasta aquí terminamos por hoy…".

SOBRE LOS REPRESENTANTES
-Así como en Gestalt lo obvio no siempre es…Ya que atrás de la dinámica superficial hay que descubrir la dinámica oculta.
-Cuando no sé qué hacer en una CF puedo esperarme minutos para que me serene o para que hagan movimientos de alma.
-Se trabaja principalmente con sensaciones, (y menormente con emociones y sentimientos), o como dirían en CF, con sentimientos primarios y secundarios, no con juicios ni razonamientos, por eso es común preguntar si el miembro de la familia, ante un movimiento, se siente: Cómodo/Incómodo, Mejor/Peor, Fuerte/Débil, Agradable/Desagradable, Con dolor/Sin dolor, Liberado/asfixiado, Seguro/inseguro, Tenso/Relajado.
-Se le dice constantemente a los representantes: "sigue tu impulso, "realiza tu impulso", "muévete lentamente siguiendo tus impulsos", "sigue tus movimientos, "busca una posición que sea mejor que esa". "entra en esa sensación". "si pudieras moverte a dónde te moverías?", "¿qué lugar ocupas en tu familia?", "¿cómo se siente decir eso?", "¿si esa frase no te nace decirla entonces cuál es la frase que te nace decir?", "¿qué es diferente?", ¿cambió algo?", "¿cuál es una frase que surge de tu tristeza?".
Cuando estés lista cierra los ojos de tus hijas". "Prueba a decir esto… -¿qué ves ahí?, ¿cómo está la mamá?-

COLOCACIÓN DE LOS REPRESENTANTES
-Se hace en el sentido de las manecillas del reloj (ya en la imagen de solución). Aunque al principio en la imagen inicial al haber un desorden no importa la colocación. -El padre va a la derecha y la madre a la izquierda de éste.
-Los adolescentes van ubicados al lado izquierdo de la madre (en orden de las manecillas del reloj y en orden de edad descendente).
-Los hijos adultos van ubicados delante de los padres y mirando hacia delante (cuando tienen independencia)
-Cuando un representante dice "tengo miedo…" (tal vez es porque alguien le falta, por ejemplo: hay que ponerle a su padre o a su madre por detrás, según el sexo del consultante)
No pedir permiso al consultante o a los representantes, sino que le digo que lo haga y luego le pregunto si se siente mejor o peor (incluso puedo saber que ante un movimiento se sentirá peor, pero se lo pregunto para evidenciarlo).
-No decirle al representante "qué pasaría…"
-Lo que van sintiendo y diciendo los representantes nos va dando la pauta de confirmar o desconfirmar mis hipótesis.
-Si intentamos entrar en la fase de sanación y el representante dice sentirse peor o incómodo entonces hay que intentar otra alternativa, hacer más preguntas…quitar y poner

representantes…y en último caso hasta suspender la CF si no se encuentra una solución.

-Sí se vale la opción de que les vayamos diciendo a los representantes y/o a los espectadores y consultante aspectos claves que se van dando y viendo en la CF.

-¿Qué te cansa?

-Si una representante dice "me estoy sintiendo chiquita" (es que ocupa la fuerza de su madre, o de su padre si fuera representante hombre).

-Para que un representante diga frases tiene que haber necesariamente contacto visual y no desviar la mirada por pena o alguna emoción fuerte. Además de que la distancia ideal es de un metro, a menos que se ocupe contacto corporal.

-El representante no puede dar órdenes al constelador ni a otro representante.

-Si un representante dice "lo veo triste (refiriéndose a otro representante)", entonces hay que preguntarle: ¿y tú cómo te sientes de verlo así?

-Se vale que el padre pueda voltearse y dar la espalda a un hijo, si se considerara necesario.

-Se pueden hacer constelaciones familiares aunque haya personas de sexo diferentes a los representados.

-Cuando un representante se sigue sintiendo mal *después de haber finalizado la Constelación Familiar* entonces para liberarlo de la sensación/emoción que en realidad corresponde a un familiar representado entonces el representante tiene que visualizar al representado, reverenciarlo y devolverle su sensación.

-Si un representante se acuesta es muerte o impulso a la muerte (Dinámicas de "Te Sigo" o "Mejor yo que tú", según el caso).

-La mirada "ida" es posible que mire a la muerte o a un ancestro muerto.

-Cuando el representante siente frío o escalofrío necesita calor.

-¿Hay algo que te nazca decirle?

-El orden de los representantes-hijos es en orden descendente (de mayor a menor edad) sin importar el sexo.

-A veces un representante-PI tiene 2 abuelos paternos o maternos (uno biológico y otro de crianza), hay que cerciorarnos.

-Hay que tener como opción que el representante se hinque cuando está berrinchudo o resentido para evidenciarle su atore, con eso puede crecer

-En asuntos-temas de relación de pareja hay que incluir a representantes de los padres pero en un segundo momento y checando cuándo, cómo y dónde. También hay que preguntar cuántos hijos tienen (para ver fuerza de vínculo en la pareja).

Importante recordar que hay que enfocarnos a trabajar con el PI y no distraernos con las problemáticas de otros representantes, sobre éstos señalar que se abordarán tal vez en una sesión posterior.

-Si en un movimiento libre el PI camina hacia una dirección vacía como si siguiera a alguien o a la muerte nos indica la dinámica oculta "Te sigo". Entonces es importante regresarlo a su posición anterior, es decir del futuro lo regresamos al presente.

-Cualquier persona cuya muerte o mala fortuna o enfermedad haya otorgado una ventaja a otro miembro del sistema familiar.

-Víctimas de violencia o asesinato cometidos por un miembro del sistema.

-El sistema familiar de nuestra pareja.

-Los empleados domésticos no forman parte del sistema, excepto una nana que tenga vínculos sanguíneos o fuertes lazos compartidos.

EL CONSTELADOR

-Hay que mirar sistémicamente al consultante, sin juicios, y asumir una actitud fenomenológica.

-Cuando me sienta atorado-perdido espero, miro y luego les pregunto que si hay algún impulso a seguir, luego hago preguntas sobre la nueva configuración resultado de esos impulsos…
-Para obtener información puedo hacer preguntas tanto al inicio como durante la constelación…
-Importante identificar los puntos ciegos que me pudieran afectar en no ver algo en una constelación.
-Al hacer preguntar cuidar que no sean preguntas inducidas.
-El constelador debe dirigir desde una distancia donde tenga un buen panorama de la Constelación Familiar.

ACTITUD DEL CONSTELADOR
-Percepción fenomenológica
-Respeto terapéutico
-Presencia amorosa
-Retirar el afán de ayudar
Se requiere de una actitud específica del constelador:
-Sin intenciones (contenerse en extremo, sin soberbia de querer ayudar, respetando la dignidad de la persona, sin enjuiciar ni cargar más culpas al consultante, para lograr que este encuentre respuestas a sus preguntas, también es no debilitarlo, no obstaculizarlo, no arrogarse y no forzarlo).
-Sin miedo (Asume las consecuencias de lo que dice al consultante, mira lo que es y asiente a ello, sin juicio ni culpa y lo expresa tal como lo percibe, afronta lo que haya que afrontar, y requiere aceptar sus limitaciones respecto al saber o al tener las respuestas para lo que la persona le consulta).
-En concordancia (No pretender cambiar destinos, hay que asentir lo que es, respetando a la persona y honrándola a ella y a su destino, confiando en la Gran Alma).
La presencia amorosa se puede lograr si una vez que tenemos frente a nosotros a la persona imaginamos detrás de él o ella a sus padres y al mismo tiempo imaginamos que detrás de nosotros están nuestros propios padres; y más aún nuestros y sus ancestros.

PARA LA IMAGEN INICIAL O DE ATORE (DX)
El consultante:
-Seleccionará la cantidad de representantes que le indique el constelador, pero pidiéndoles permiso a ellos.
-Incluso escogerá un representante para él mismo.
-Los colocará en el espacio de acuerdo a la imagen interna que tiene de cómo se relacionan entre sí.
-Luego se colocará en una posición donde pueda observar claramente los movimientos que realizarán los representantes.
El constelador:
-Preguntarle qué ve.
-Calibrará el rapport entre él y el consultante
-Ayudará al consultante a clarificar el motivo de consulta
-Observará los micromovimientos corporales
-Congruencia/incongruencia entre movimientos y palabras (analógica/digital)
-Checará la comunicación no verbal del consultante (En voz, posturas, movimientos de ojos, pies y de manos, gestos faciales, respiración, etc.)
-Cuando han sido colocados los representantes les pide a éstos (o solamente al consultante, si es una constelación con monitos) que entren en contacto con sus sensaciones, emociones y

sentimientos que les provoca el permanecer en el lugar que se les ha colocado y que lo manifiesten tal cual con movimientos lentos del cuerpo pero sin hablar, sin juicios, sin interpretar, sin intentar ayudar o adivinar.
-Vamos a probar si estás mirando a un hombre o a una mujer…

CUANDO NO HAY IMAGEN DE SOLUCIÓN O FELIZ
No hay solución cuando se presentan fingimientos, falta de energía, negativas a realizar acciones, negativas a decir frases sanadoras, etc.

CONTRAINDICACIONES (errores que hay que evitar hacer)
-Confrontar al consultante con su problema.
-Escuchar demasiado la historia del paciente.
-Aliarse con el paciente.
-Si vemos con lástima al consultante lo debilitamos.
-Intervenir demasiado mientras hay impulsos en los representantes.

IDEAS VARIAS
-Para liberarse de un sentimiento adoptado de alguien a quien representamos hay que decirle física o visualizadamente al familiar que 'seguimos' : "esto es tuyo y a mí no me corresponde".
-En constelaciones nos podemos apoyar en técnicas Gestalt como por ejemplo para que descargue un coraje golpeando cojines. Pero no permitir que diga frases como "te odio" o similares.
-La depresión implica enojo o resentimiento de género (hijo con padre, e hija con madre).
-La ayuda profesional es aquella que respeta la dignidad de la persona y no se apresura. Y requiere entender que el constelador se está incorporando al sistema de la persona, que va a la cola del sistema, existiendo antes muchos ancestros del consultante.
-La ayuda no profesional es la que se da demasiado o es muy rápida, la que pretende cambiar destino. En realidad usa a sus ayudados para su beneficio propio: al ayudarlos obtienen una satisfacción (se sienten inocentes) y ésta es su razón.
-No todas las constelaciones llegan a un final feliz o ideal.
-La constelación familiar me muestra varios caminos-problemas pero me enfoco en el consultante.
-Nunca nada es verdad para siempre en las familias a pesar de temas similares.
-Si un miembro mira hacia abajo es porque hay un muerto o un aborto.
-Si una nieta toma algo que originalmente estaba destinado para la hija esto se convierte en un "nudo" de injusticia que se pagará en otra generación posterior.
-Asentir vs. Negar
-En una constelación puede haber uno, dos o hasta los 3 principios de conciencia sistémica transgredidos.
-Para que el amor fluya hacia el papá primero debe fluir hacia la mamá.
-Cuando observamos un enfrentamiento en la constelación (se miran de frente dos personas retadoramente) hay que sacar a uno y al que se quedó hay que ver hacia donde mira o calar poniéndole a quien intuyamos que está viendo.
-Doble transferencia: Un objeto se transfiere a un sujeto diferente del sujeto original.
Por ejemplo, el enojo de la madre hacia el padre lo transfiere a la hija, pero la hija no se enoja con el padre sino con su pareja.
Otro ejemplo: un enojo que la abuela transmite a la nieta y esta a su vez a su hijo.
-Cuando liberas a tu ex marido liberas a tu hija y la enfermedad se debilita.
Se nota entonces una liberación y un descanso en el enfermo.

Es importante durante la CF preguntarle al representante de la enfermedad si se siente débil o fuerte ante un movimiento o frase.
Se sugiere que a los niños adoptados se les informe que son adoptados, desde que son niños, porque después el efecto será peor.

PERPETRADORES Y VÍCTIMAS
-Cuando hay un asesino y un asesinado hay que preguntar:
¿Quién lo mató, es familiar o extraño?
¿Para qué lo mataron?
¿El asesino "pagó" su crimen, o sea, recibió un castigo?
-Asesino y víctima terminan abrazándose.
-La víctima siente enojo
El perpetrador no la quiere ver y busca pretextos para el delito que cometió.
-Hay que trabajar con perpetrador y víctima a nivel espiritual (usar fotos es buena alternativa)
-A los muertos hay que ponerlos de preferencia tendidos y honrarlos.
-La despedida de un ser querido no ocupa constelarse, se puede hacer mediante otras técnicas.
-Un asesino es automáticamente excluido de sus familias primaria y secundaria y pasa a formar parte de la familia del muerto (mientras expía su culpa). Una vez que expía su culpa puede ser aceptado por sus familias de origen. O sea, debe reconocer a su (s) víctima (s) (todas), reconciliarse, ofrecer disculpas.
-Mientras el perpetrador no asuma su culpa (responsabilidad) entonces no hay solución.
-Si la violada aborta voluntariamente entonces se convierte también en perpetradora.
Solución: perdonar al violador y agradecerle por la hija, o sea, asentir el destino difícil. Y que el perpetrador ofrezca disculpas y asuma su responsabilidad.
Posiblemente, en algún momento de su historia el perpetrador fue también víctima, por lo que tiene que reconciliarse con su respectivo perpetrador.
-La imagen de asesinato conduce a que hijos varones en generaciones posteriores lo expíen (carguen).
Muchas veces nietos y bisnietos se suicidan por la muerte de una mujer así. Es una forma de recompensa primitiva, antiquísima y ciega: uno desaparece y en recompensa otro se va. En cuanto se hace algo en reparación el respeto se pierde.
La solución consiste en conceder a la mujer un lugar respetado en el sistema, y que el hijo le diga a la madre: "ya que perdiste tu vida al nacer yo, que no haya sido en vano".

SUICIDIOS
-Los que han tenido intentos suicidas están en "te sigo" o "mejor yo que tú".
-Reconocer que sus ancestros con tentativas de suicidio son parte de un sistema.
-Checar con quién de sus ancestros se identifica el consultante o representante del consultante.
-El consultante necesita la bendición de este ancestro con el que se identifica (o de la persona a la que quiere "seguir").
"Mírame con buenos ojos, mientras yo me quede en esta vida y tú en la muerte. Bendíceme…(y se inclina ante esa persona)"..Aquí hay que checar las reacciones del consultante.
-Al consultante suicida ponerlo hasta la última etapa de la Constelación Familiar, siempre y cuando haya una imagen de solución.
-Luego en psicoterapia individual continuar: chocando qué entendió de la Constelación Familiar, y hacer un ritual de despedida.
-Para el pre-suicida hay 2 opciones: tomar la vida de los padres biológicos o de los padres adoptivos.

-Cuando dice "quiero morirme y no sé por qué", Hay que ponerlo primero solo, chocarle sus manos, mirada, rostro, lado corporal.
Ponerle una persona que intuyamos o a la Muerte, según mi Hipótesis.
-El tema del suicidio está desarrollado en el libro de Hellinger "Religión, Psicoterapia, Cura de almas".
-Ojo con los "suicidios lentos": drogadicciones, adicciones, etc.
-Para romper una identificación (cualquiera, no solamente de suicidio) se ocupa una bendición. Es el caso de vida-muerte, separaciones, etc.
-Ejemplo: El consultante y su drogadicción fueron constelados. Luego agrega a su padre. La drogadicción representa a una persona muerta, aborto, etc. en una o dos generaciones atrás. Checar el tipo de droga (estimulante, alucinógena o depresiva)
        -Algunos suicidios son por el afán de pertenecer y se explicaría por alguna dinámica enfermiza (te sigo, mejor yo que tú o, cargar la culpa).

FALLECIMIENTO DEL PADRE
-"A través de mí seguirás presente en apellido y sangre"
-Checar linajes fallecidos (masculinos o femeninos)
-A veces hay muertos intranquilos por muerte trágica o repentina. Cuando tiene ojos abiertos es porque aún no está en paz.
-Hay que trabajar a los muertos intranquilos junto con su perpetrador para reconciliarlos.
-Transformar el dolor en amor.
-"Ya está llegando a la raya…"
-El tiempo es relativo, al mirar sistémicamente decimos que 100 años es un instante.

ENFERMEDADES
-Una enfermedad, adicción o transtorno puede ser destinada o ser una dinámica oculta. Incluidas la hiperactividad, diabetes, etc. Las enfermedades nos sirven de termómetros (¿fortalece o debilita la enfermedad?), por eso en Constelaciones se elige un representante-persona para cada enfermedad.
-Buscar la intención positiva de la(s) enfermedad(es).
-Checar el lado donde se sienten las enfermedades o los síntomas (lado derecho tienen que ver con la figura parental, y en el lado izquierdo se relacionan con la figura materna).
-Cuando una persona presenta varias enfermedades hay que constelarle cada una de las enfermedades con representantes y que las logre integrar (chocando también si se relaciona con muertos o excluidos transgeneracionales).
-Un hipertenso es una persona que quiere perseguir la vida, y a veces indica que un miembro de sus sistema murió repentinamente.
-Las enfermedades están conectadas con situaciones familiares no resueltas, a veces con una persona excluida.
-Cuando las personas hablan de sus enfermedades tienen una sonrisa.

HOMOSEXUALIDAD
En Constelaciones Familiares no hay preferencias ni elecciones sexuales.
Según las Constelaciones Familiares, un homosexual masculino casi no es reversible y las homosexuales femeninas a veces sí son reversibles. Una persona homosexual está viendo a un ancestro del sexo opuesto. O a veces la dinámica es que al esperar un bebé de sexo diferente al que nació entonces uno o ambos padres están viendo a un ancestro del sexo que deseaban. La homosexualidad está destinada, no se elige. Un homosexual es rechazado, no es excluido ni

expulsado.
-En homosexuales: Si el niño no tiene acceso papá y sólo a la mamá o toma el lugar de su hermana por identificarse con la excluida (hermana muerta).

ABORTOS
-Si el hijo sobrevivió a un parto pero murió la madre entonces es jalado hacia la muerte, o viceversa, la persona muerta se mantiene viva en el alma.
-En el aborto la madre se ve jalada hacia la muerte.

CÁNCER
-El cáncer es porque la persona no ha asentido (tomado) a mamá. Solución: Honrar a mamá.
-En cáncer hay una madre rechazada y odiada. La hija tiene que moverse, no la madre.

PSICOSIS
-Según Hellinger, la esquizofrenia no es una enfermedad sino una expiación y jaloneo de lo ocurrido entre perpetrador y víctima, donde el esquizofrénico es un chivo expiatorio.

MANEJO DE LA DROGADICCIÓN (TOXICOMANÍAS) Y OTRAS ENFERMEDADES
-En adicciones es común que esté implicado el linaje masculino, por lo que hay que agotar esta línea y sólo entonces brincar a la línea femenina si fuera necesario.
-Alcoholismo-drogadicción van de la mano de la muerte o de un familiar muerto.
-Para ayudar a un drogadicto el terapeuta (hombre o mujer) primero tiene que reconciliarse con su padre (principalmente) y con su madre.
-El síndrome de Aniversario es un patrón relacionado con un evento que sucede a cierta edad en 2 ó más familiares.
-Existen necesidades afectivas satisfechas precariamente o de plano no satisfechas con el padre o con una figura parental.
-Las compulsiones son cierres de manera inadecuada.
-Drogarse afecta al sistema, por eso no le podemos dar permiso para que se drogue, por eso no es tan libre, porque en un sistema familiar hay reglas.
-La drogadicción no está destinada sino que es un afrontamiento del destino. Igual ocurre con varias enfermedades y transtornos psicológicos y psiquiátricos.
-Drogarse afecta al sistema, por eso no se le puede dar permiso al miembro familiar para drogarse.
-La drogadicción no es Destino, es una manera de afrontar un Destino, lo mismo ocurre con los transtornos y enfermedades.

RELACIONES DE PAREJAS
-Una pareja (casada o en unión libre) sin hijos también es un sistema. La excepción es los noviazgos formales o informales. Cuando se procrea un hijo tanto este como la mujer (sea novia, amiga o amante) empieza a formar parte del nuevo sistema del hombre.
-Equilibrio entre el dar y el tomar
-El hombre tiene prioridad sobre la mujer por la sobrevivencia del sistema, por naturaleza y arquetipo. La mujer sigue al hombre y éste le sirve.
-Una relación no puede ser construida sobre el dolor de otra relación, por lo que no tendría futuro.
El varón que ya está con una segunda esposa es al que le toca honrar a la primera y luego a la segunda esposa.

La prioridad en un divorcio:
-No es la relación entre padres e hijos la que se divorcia; tampoco hay que preguntarles con quién quieren ir, los padres aclaran entre ellos dónde irán los hijos y después se lo dicen, y aunque los hijos protesten se encuentran interiormente libres y contentos de no tener que decidirse entre los padres.
-Las separaciones son el resultado de implicaciones sistémicas, cada uno de los cónyuges se encuentra involucrado de una manera especial; como terapeuta no miro nunca quién o qué podría tener la culpa, les digo: *"su relación se acabó, y ahora afronten el dolor de que todo terminó"*.
-Siempre que algo no funciona entre los padres, los hijos buscan la culpa en ellos mismos; prefieren tener la culpa ellos que dárselas a sus padres. Otro aspecto importante: después del divorcio los hijos deben ir con aquél de los padres que más respeta al otro cónyuge en los hijos (por regla general éste es el marido).
-Por miedo a reproches y de hacerle daño a otro, algunas personas antes de separarse, se obligan a sufrir durante mucho tiempo, tanto que quede compensado el dolor del otro, como si después tuvieran más derecho a dar el paso. Por esta razón tardan tanto los procesos de divorcio.

FUNDAMENTOS DE LA RELACIÓN DE PAREJA
1.-Igualdad: En lo digno, sin soberbia. Y en la pertenencia, apreciar nuestras diferencias, darles el mismo valor. Negociar-ceder. El hombre tiene que reconocer que la familia de la mujer, aunque sea diferente es tan valiosa como la suya (igualdad). Si los dos vienen de diferentes culturas o religiones, cada uno tiene que reconocer que la cultura o religión del otro es igual de valiosa, aun a pesar de ser diferente. Si ellos reconocen las diferencias y las toman como de igual valor, se arriesgan a perder el derecho a pertenecer a su propia familia, sacrificando la buena conciencia y cuando ambos tienen una conciencia culpable. Una persona que no puede aceptar la culpa en este sentido permanece como niño para siempre.

2.-Dar y Tomar: Equilibrar esto; si no se rompe la relación. Con humildad. Compensar el dar y el tomar. Quien toma es humilde, debe frenarse y renunciar a un poco de su fuerza; sólo entonces el otro puede darle, no antes. Por que quien no toma es soberbio. En la relación de pareja el hombre tiene algo que a la mujer le falta y la mujer tiene algo que al hombre le falta (masculinidad y feminidad, respectivamente).
En terapia de pareja, la primera medida consiste en descubrir quién da más o quién toma más, para después restablecer el equilibrio entre dar y tomar. Solo debo darle al otro tanto como éste pueda o quiera devolver; si lo abrumo dando, el otro se ve obligado a marcharse. No debo darle más de lo que él quiera o pueda devolverme.
Toda relación comienza con una renuncia obligada, puesto que la medida del dar y del tomar es limitada. Una mejor manera de manejar el tomar y el dar es una relación de pareja es pidiéndole algo concreto al otro, por ejemplo "por favor quédate media hora conmigo y hablemos".

3.-Orden: Prioridades, la relación padre-madre es más importante que las relaciones padre-hijo madre-hijo. La mujer sigue al hombre y el hombre sirve a la mujer como proveedor, aunque esto funciona a veces al revés, pero ocasiona problemas a los hijos. Cuando ambos son proveedores y la mujer quiere decidir (arrogante) entonces el hombre se siente mal. Seguir no significa obediencia, sino que significa "sigo a tu familia".
Los miembros de la pareja tienen que asumir (y responsablemente agradecer lo que tomaron) su culpa para independizarse.
La mujer a la que su marido le paga una carrera profesional. Él luego se cobra por ejemplo

exigiéndole controlarla y negándose a recibir cuando ella intenta darle. Es sano cuando ambos renuncian a vivir en sus lugares de origen.
No es tan sano renunciar a sus religiones, a menos que ella se convierta a la religión de él.
Sin hijo permanece en la esfera de la madre lo femenino inunda su alma y esto le impide tomar al padre, quedando restringida la esfera de lo masculino para él.

Esto puede provocar que el hombre se mantenga como adolescente (sin madurar en el sentido psicológico de la palabra), o que se convierta en un favorito de las mujer (lo cual conduce a tener una o varias amantes); puede ser un macho, pero No un hombre, un hombre con un anima fuerte y atado a la madre. El proceso en la mujer es idéntico a la inversa.
La solución es pasar a la esfera del padre y así poder recibir lo femenino como obsequio de parte de una mujer creando una relación duradera y fuerte.
Si un hombre actúa como si no necesitara a la mujer y se siente superior a ella, y si una mujer actúa como si no necesitara al hombre y se siente superior a él, entonces su amor básicamente se acaba. Ambos tienen que reconocer que el otro, aunque sea diferente, es un igual y de igual valor. Este es un estado de humildad y es básico para unan buena relación.
La relación de los padres es más intensa si las hijas permanecen con la madre y los hijos con el padre; el mejor matrimonio se logra cuando el hijo del padre se casa con la hija de la madre. Además, si el hijo permanece con el padre tiene más respeto por su madre.
Un nuevo sistema tiene prioridad sobre el antiguo; esto es parte del orden del sistema. Una nueva relación de pareja tiene prioridad sobre la primera, pero sólo puede ser lograda si a la vez se reconoce y valora a la primera mujer (u hombre).
La relación estrecha de pareja disminuye al llegar a su punto culminante: el nacimiento del primer hijo.

Después la relación aspira a la amplitud; aparecen otras cosas de importancia y la intimidad disminuye, tiene que disminuir.
El reconocimiento es la parte más importante de la compensación en la relación de pareja; pueden existir muchos conflictos, pero en la medida que uno reconoce al otro, le otorga su lugar y le respeta, entonces la relación crece o se mantiene armoniosa.
Para ser buen padre o buena madre requieres antes una buena relación de pareja.
Los celos son un medio para alejar la culpa de uno mismo y pasársela al otro.
Celo significa desconfianza ("vete"). Importante: la desconfianza original está en una anterior relación de pareja o en los padres (hacia uno de ellos, hacia ambos y/o entre ellos).
La culpa del inocente es especialmente grave porque aparece con el vestido de la inocencia y de la justicia. Al ser víctima de infidelidad el inocente se comporta como si tuviera el derecho de tener al otro como suyo para siempre; esta actitud es arrogante, en vez de intentar ganarse al otro a través del amor, se le persigue. ¿Y así quiere que vuelva? Es imposible que lo haga; una vez el inocente haya saciado sus deseos desmesurados de venganza el culpable ya no puede volver a él (por su historia familiar primaria).

Cóbrale una vez y ya, no alargues la tortura. No funciona el devolver una infidelidad, debe ser algo menor, no igual ni mayor, porque si se hace una compensación negativa (más malo de lo malo como en la película 'La guerra de los Roses') entonces se destruye la relación. Para compensar una infidelidad o algún daño grave hay que preguntarle al ofendido cómo se vengará o compensará esa falta. Ojo: del ofendido saldrán alternativas o condiciones (depende de sus valores), por ejemplo, él es el que más sabe cuáles son las maneras de devolver el daño a su pareja. Por ejemplo: negarle sexo durante cierto tiempo, dejarle de lavar y de planchar, etc.

Después de esto ya está preparada para perdonar y continuar la relación, aunque no hay garantía de que se salve la relación. Ojo: si la persona ofendida no compensa lo negativo y dizque "perdona" entonces no sirve porque tarde o temprano le va a "cobrar" de una manera más destructiva, lo cual sobrepasa la compensación.
-Ayuda el reconocer y tomar lo que mi mujer tiene para mí.
-En Constelaciones se encuentran dos naranjas (siempre y cuando hayan resuelto sus broncas familiares), no dos medias naranjas.
-Según Hellinger, la sexualidad tiene más peso que el amor, pero no significa que sea mejor o más importante. El enamoramiento es infantil, adolescente, inmaduro y se cree que será eterno, mientras que el Amor es maduro, adulto, enfocado al presente y a los pequeños momentos de voluntad.
En un problema de pareja hay involucrados más de dos. A veces es necesario que voltee atrás (hacia sus padres)

DESTINO
La libertad representa nuestro margen de acción ante el destino que nos ha sido dado. Por eso está enfocada en decidir qué actitud queremos asumir y cómo comportarnos ante los eventos que nuestro destino presenta, incluyendo el hecho de asumir destinos de otros miembros del sistema, invadiendo e invalidando su derecho. Por ejemplo, el dolor está destinado, pero del sufrimiento tengo la libertad de transformarlo.
Se constela para ejercer la libertad de transformar comportamientos, actitudes, creencias y sentimientos de patrones que alteran el sistema y por ende al miembro. No se puede constelar para cambiar el destino.

MOVIMIENTOS DEL ALMA
El poder de los movimientos del alma se da sobre todo en crímenes o culpas graves (incesto, violación, tentativa de asesinato, etc.), donde existe perpetrador y víctima. Lográndose una reconciliación profunda entre ellos.
Para los movimientos del alma tiene que existir mucha energía y/o los representantes sean candidatos adecuados (sensibles).
También se pueden combinar Constelaciones Familiares con Movimientos del Alma.

RELACIÓN ENTRE PADRES E HIJOS
El incesto es un intento de retener al padre.
1.-_Tomar la vida_: Que el hijo tome la vida que le dan sus padres, tal como se la dan. Que asienta a la vida que le tocó, asumiendo la mejor actitud ante ese destino. Tiene que haber una humildad para agradecerle a los padres la vida.
Incluso tengo que dirigir mi mirada más allá de mis padres, de donde viene la vida, e inclinarme ante su misterio. Al tomar lo de mis padres se incluye el paquete total, con lo que pueda ser considerado virtudes y defectos. Después le toca al hijo independizarse.
2.-_Nos viene dado el hecho de que tengamos padres y seamos hijos_; y también tenemos algo propio.
3.-_Tomar aquello que los padres dan de más._
4.-_La medida de un hijo/hija._
El hijo no puede reclamar el reconocimiento de un talento de uno de sus padres si no se lo merece por su propio mérito y talento. Lo mismo pasa con la herencia, el hijo no tiene derecho a reclamarla, tendrá que aceptar lo que le dejen sus padres. Lo mismo se aplica a la culpa personal

de los padres, el hijo no puede cargarlas para expiárselas ni debe asumir roles que le corresponden a sus padres. El hijo no puede involucrarse en los problemas de sus padres, eso le corresponde sólo a ellos.

5.-*Los padres son grandes y los hijos pequeños.*

Corresponde a los hijos que tomen y que los padres den. Aunque con nuestros padres nunca podemos compensar lo que recibimos, pero no por eso dejaremos de compensarles el amor. Lo erróneo de los hijos sería el no compensar, el exigir, el ser arrogante señalando que dan más que sus padres, sentirse culpables porque sus padres le dan mucho, el no querer tomar nada por cualquier motivo, el confundir el respeto con el reproche. La compensación estaría sobre todo en pasar lo recibido a otros, por ejemplo, a sus propios hijos.

6.-*El equilibrio entre padres e hijos.*

La posición de querer compensar algo es arrogante, ya que la persona pretende pagar algo que se le da como regalo. La solución consiste en tomar la vida, la felicidad y la salud como un regalo, sin pagar por ello. Esta es una posición humilde. Este agradecimiento es una actitud interior, no está dirigido a nada ni a nadie.

Cuando los padres pretenden tomar y los hijos dar se trastoca y falsifica el orden. Esto se llama parentificación, donde el hijo adopta el rol de padre, abuelo o de madre.

Tomar a los padres es un proceso independiente de las cualidades que puedan tener, y es un proceso curativo, no hay excepciones ni peros.

7.-*La jerarquía en la familia. Es determinada por Tiempo, Peso y Función.*

-Respecto al tiempo los padres tienen prioridad sobre los hijos por la sencilla razón de que llegaron primero, ellos son los anteriores y los hijos los posteriores; igualmente, el primer hijo tiene prioridad sobre el segundo y así sucesivamente.

-Este orden se invierte cuando en una relación de pareja, pues la relación de pareja tiene prioridad sobre la familia de origen y si existe una segunda pareja o matrimonio éste tiene prioridad sobre la primera.

-En cuanto al peso, la relación entre el padre y la madre es la más importante en una familia, después las relaciones de padres a hijos.

-La función hace referencia a la responsabilidad de la seguridad de la familia, que normalmente recae en el padre.

-En el caso de que exista una pareja con dos hijos. Los hijos son de una pareja anterior al actual varón, por lo que para la mujer la prioridad son sus hijos, no su pareja actual.

8.-*El principio de pertenencia en la relación padres-hijos:*

-Un padre excluido genera un hijo "a medias", vacío, lo que conduce a procesos de depresión. La curación en estos casos es integrar al padre excluido y concederle su lugar y dignidad.

-Los padres tienen algo ganado como mérito y algo sufrido como pérdida; y no pueden ni deben dárselo a sus hijos porque no les corresponde.

-Los hijos necesitan poner límites y esto representa una especie de respeto hacia los padres; los hijos hacen algo nuevo con lo que reciben de su padres, ganando así sus propios méritos y sus propias pérdidas.

-En los conceptos de valor, el hijo aparentemente obedece a aquel que gana (el perpetrador), y secretamente a aquel que pierde (el excluido); el hijo siempre sigue a aquella figura parental que "perdió".

-Existe una tendencia a hacerse como los padres. La tentación de unirse a sus padres en el sufrimiento s poderosa, es una manera de sentirse parte de este sistema y en concreto, parte merecedora del amor de sus padres.

-En ocasiones un posterior imita a un anterior que ha sido excluido y se pone a su lado, identificándose como él y queriendo llevar el destino o la suerte de éste.

-La felicidad se experimenta como peligrosa porque nos convierte en solitarios (lo mismo aplica a la solución); con el problema y la desdicha, sin embargo, nos encontramos acompañados. El problema y la desdicha van unidos a una sensación de inocencia y de felicidad. La solución y la felicidad en cambio van unidas a una sensación de traición y culpa. Por eso la solución únicamente es posible cuando la persona afronta esta culpa.

9.-*El lugar bueno para los hijos.*

En una constelación el lugar que se les asigna a los hijos dentro del orden de procedencia siempre depende de las circunstancias. Cuando los hijos tienen que pasar a la esfera del padre se colocan más cerca del padre, y cuando tienen que pasar a la esfera de la madre se colocan más cerca de la madre; donde no existe esta necesidad los hijos se encuentran enfrente de ambos padres.

Cuando llega el momento de desprenderse los hijos se dan la vuelta y se dirigen hacia delante dejando atrás a los padres; éstos permanecen en su lugar mirando a los hijos con cariño, esta es la buena solución para todos.

10.-*Padres adoptivos / Hijos adoptados.*

La adopción es un asunto delicado. Para Hellinger es importante revelar la intención del acto de adoptar un hijo. Si es desde la necesidad de quienes no pueden ser padres por sí mismos, o desde la necesidad de obsequiar un regalo a una persona cuyo destino es trágico. La gran mayoría de las veces la razón es la primera, y esto ocasiona un desequilibrio en los sistemas familiares de los padres adoptivos y del niño que es adoptado.

¿Con quién estará mejor este niño? Con unos padres adoptivos o con su familia de origen (abuelos, tíos, etc.) evidentemente que estará mejor con su familia. Sólo cuando nadie en la familia de este niño puede hacerse cargo de él, entonces la opción de la adopción es válida.

Los padres adoptivos cumplen una función importante, pero son sólo representantes de los padres biológicos, y como tales ocupan el segundo lugar, la clave está en que los padres adoptivos guarden un profundo respeto ante los padres carnales y que muestren este respeto ante los hijos.

Es importante decirle al hijo adoptivo la verdad de que es adoptado, entre más pronto mejor. Porque hay mucho enojo después en los hijos adoptados a los que se les niega información.

Los padres adoptivos fungirán como facilitadores, no cumpliendo caprichos ni arrogancias.

11.- La arrogancia de creer, decir o sentirse superior al padre suele ser un patrón transgeneracional repetido.

12.- Si una figura parental impide el acceso a la pareja, entonces el hijo se venga del primero.

13.- Un hijo con una mujer casada (con otro) nace en el caos y con probabilidad sería enfermizo.

14.- El orden de los hijos depende de la perspectiva del involucrado, sobre todo en el caso de varias parejas e hijos.

15.- Resguardar a los hijos (por el riesgo de haber incesto) mientras resolvemos problemas como padres sobre nuestros respectivos padres.

16.- De preferencia no decir "medio-hermano" sino hermano.

17.- No importa si ya murió el padre, lo que importa que el hijo introyecte lo masculino de su padre (no necesariamente tiene que haber presencia física del padre). Cuando un hijo se convierte en hijo de mamá (o sea, que introyecta de más la parte femenina) hay que romper ese patrón.

El hombre, ante los hijos de la 2ª mujer ella es la prioridad.

Ante los hijos de la 1ª mujer, ellos son la prioridad.

Ante las dos mujeres, la 2ª mujer tiene prioridad (pero tiene que honrar y agradecer a la primera).

Los hijos de la 2ª mujer tienen prioridad sobre los hijos de la 1ª mujer.

Hijo soberbio suplantando al padre y está feminizado (tiene mucha influencia de su madre). Buscará a una mujer masculinizada, pero tendría una relación asimétrica.

Hija soberbia suplanta a la madre. Está masculinizada (tiene mucha influencia de su padre). Buscará a un hombre feminizado, pero tendrán una relación asimétrica.

-La Gran Alma (Dios): Actúa dirigida por tres grandes fuerzas: 1). La pertenencia, 2).La

compensación (El equilibrio entre el dar y el tomar), y 3).El orden -Alma familiar: Espacio que envuelve a todo lo que representa a una familia.
-Las almas familiares siguen leyes.
-En el centro de cada alma está el espíritu resolviendo conflictos mente-cuerpo, mente-alma, cuerpo-alma.

ÓRDENES FAMILIARES DEL AMOR
-No se trata de aceptar (esto es arrogante) sino de asentir-reconocer (esto es humilde y establece límites y orden)
-Reconocer y asentir, pedir la bendición de la familia y luego entonces ya podemos cambiar la generación, pero sin soberbia.
-Tomar nuestro lugar nos da fuerza y orden, así como el respaldo y comprensión de los familiares.
-Llevar a término un movimiento interrumpido:
Cuando alguien de niño es cortado en su movimiento hacia uno de los padres (generalmente la madre) cualquiera que sea la razón (estancia de la madre en el hospital, la muerte de alguno de los padres, encarcelamiento, la separación por divorcio u otros motivos) se provocan transtornos a nivel individual, y la manera como se trabaja es propiciando que la persona vuelva a aquel punto del pasado, permitirle que sea nuevamente ese niño y con la ayuda del terapeuta o una persona imaginaria lleve a término el movimiento cortado en aquél momento.

DINÁMICAS OCULTAS SISTÉMICAS FAMILIARES QUE CONDUCEN A DESGRACIAS
Cuando las personas se resisten a su destino y quieren ejercer su libertad más allá de lo que les es permitido, se generan dinámicas que llevan a las personas a resultados desfavorables que pueden terminar en eventos como enfermedades, accidentes o poco éxito en sus vidas. Se pueden arreglar, reconfigurar o reordenar para el bien de la familia. Existen tres de estas dinámicas:

-Te sigo…
Se da cuando un miembro posterior quiere ir detrás de un anterior siguiéndole a la enfermedad, la mala fortuna o la muerte. Si un miembro del sistema muere joven (hermano, madre o padre) impacta a los hijos sobrevivientes, éstos experimentan un sentimiento de culpa por estar vivos, por lo que hay en ellos una tendencia de movimiento hacia la muerte (temerarios, suicidas, accidentes, enfermedades graves, etc.). Porque creen que pueden cargar con el destino del muerto. También se presenta en adultos que participaron en alguna catástrofe en la cual hubo personas muertas y alguien sobrevive. Cuando alguien lleva dentro de sí la dinámica *te sigo* y luego tiene hijos, éstos sentirán también esa atracción enfermiza. A través del trabajo de Constelaciones lo que buscamos es regresar ese destino difícil a quien o a donde pertenece.

-Mejor yo que tú…
Esto sucede cuando alguien de un sistema familiar quiere anticiparse a otro miembro que quiere irse de la familia o suicidarse. Trabajando con Constelaciones lo que buscamos en esta dinámica es asentir al destino y a las decisiones de nuestro familiar y retirarse con respeto y con amor.

-Cargar (expiar) la culpa…
Esta dinámica se presenta cuando un miembro del sistema pretende arrogarse la culpa de otro miembro de su sistema, como expresando *"mejor yo lo cargo por ti"*. El trabajo con Constelaciones busca que este miembro del sistema que quiere arrogarse la culpa de alguien más asiente con su limitación y respete la dignidad de su familiar, dejándole que sea él mismo quien cargue con la

culpa ocasionada por sus actos. Ante las culpas o sentimientos ajenos que cargo el consultante tiene que: Primero reconocerlos. Segundo: devolverlos amorosamente a quien pertenecen, sin caer en la arrogancia.

-El principio de derecho a la pertenencia (vinculación): Cualquier miembro del sistema tiene el mismo derecho a pertenecer. El niño vive la vinculación como amor y felicidad, independientemente de si en este grupo podrá desarrollarse favorablemente o no, y sin tener en cuenta quiénes y cómo son sus padres, o sea, trasciende a lo moral. Esta vinculación es tan profunda que el niño está dispuesto a sacrificar su vida y su felicidad por el bien de este vínculo. Cuando alguien es excluido del sistema este principio se quebranta y la posibilidad de que un miembro posterior del sistema se identifique con éste se incrementa. Este posterior lo representará dentro del sistema imitando el destino y emociones del excluido.
Por eso, se busca que aquellos que han sido excluidos sean tomados en cuenta dentro del sistema y tengan un lugar igual que todos los demás, siendo honrados en su destino de manera que ningún posterior tenga que identificarse con él.

-En el Principio de Pertenencia hay:
Rechazados: Se le reconoce su pertenencia pero se le rechaza su condición o función, por ejemplo, un homosexual.

Expulsados: Se le expulsa por un acto grave contra la familia, por ejemplo, violación y homicidio.
También en las tribus se ven las expulsiones, como en el caso de algunas embarazadas. Una expulsión, después de varias generaciones se puede convertir en exclusión.

No reconocidos: Se sabe que existe, pero conscientemente se le niega la pertenencia familiar. Por ejemplo, un padre puede tener hijos no reconocidos.

Excluidos: No existe. Está borrado del mapa familiar. Esto es inconsciente. No existen los autoexcluidos.
-Una exclusión no es definitiva, se puede convertir en inclusión al reconfigurar acertadamente el sistema familiar
-Se puede excluir a un miembro del sistema si perpetró un daño (violación, incesto, asesinato, etc.) a otro miembro.
-Excluir los abortos como miembros de la familia sí afecta la dinámica familiar.
-Si atento contra la vida de algún familiar entonces hay que excluirlo, por salud del sistema.
-En Constelaciones el constelador tiene que buscar al excluido e incluirlo para propiciar el orden. Y en ocasiones para tal fin es necesario excluir a alguien del sistema.
-Cuando dos personas miran a lugares distintos (por ejemplo, una pareja) la solución es intuir a quién está viendo el miembro de la pareja
-En el aborto espontáneo no hay culpa.
-En el aborto provocado sí hay culpa y la persona lo tiene que asumir.
-A veces los hijos necesitan saber de los abortos de sus padres, siempre y cuando contribuyan a su inocencia, de otra manera es mejor evitar decirles lo que les puede culpabilizar.
-No hay autoexcluidos, la exclusión es sistémica.
-La principal persona excluida suele ser la madre.
-La epilepsia no necesariamente indica que hay un excluido.
-Una consecuencia importante de un aborto voluntario es que la relación de pareja es que ésta se

termina (porque está excluyendo y rechazando). El aborto voluntario es un caso extremo de dar y tomar, y con el hijo también se rechaza, se expulsa y se aborta al cónyuge. La solución implica integrar nuevamente al hijo (incluirlo diciendo que existe uno que murió sin nacer).

-El principio de compensación: Establece que en las relaciones entre los miembros del sistema familiar se tiende a dar un equilibrio entre el dar y el tomar, y que las injusticias que se cometen dentro del sistema provocan que un miembro posterior del sistema se identifique con la víctima de esa injusticia; lo representará dentro del sistema imitando su destino y emociones, siendo la expresión de un amor ciego o infantil, y procurando ayudarle a liberarse de esta representación, y a restituir el balance entre el dar y el tomar adultos.
Recordando que tiene que existir un balance entre el tomar (que no significa recibir) y el no tomar (dar).
Ejemplo: La esposa de C. no puede procrear hijos y él desea un hijo, en este caso ella está en deuda con él. Él concibe un hijo fuera del matrimonio, pero vuelve con ella. Esto compensa lo negativo, sus deudas respectivas quedan saldadas.
Este principio es una ley natural aplicada a sistemas sociales. La necesidad del sistema es llegar a un equilibrio justo, esto sucede cuando se da y se toma la misma cantidad, por lo tanto, para que se reanude y siga en marcha el sistema se necesita dar un poco más de lo recibido positivamente (+); y devolver un poco menos de lo recibido negativamente (-).

Dar sin tomar:……..Es como si dijeran: "vale más que tú te sientas obligado y no yo". Muchos idealistas mantienen esta postura. Lo hacen algunos que ayudan o hasta psicoterapeutas que no quieren alegrarse de facilitar. Esto no equilibra y al cabo de un tiempo los demás tampoco no quieren aceptar nada de él. Porque el que sólo da y no toma tiene una superioridad-soberbia solapada, negando la igualdad a los demás. Es importante que no se dé más de lo que se esté dispuesto a tomar y que el otro sea capaz de devolver.

Negarse a tomar:……..Los que se niegan a tomar a sus padres más adelante esa actitud se traspasa a otras relaciones y a las cosas buenas de este mundo. Por eso muchos vegetarianos son depresivos, y muchos que se aíslan de la sociedad tampoco aceptan nada, para no tener que dar.

Pequeños defectos:……..Si uno de los cónyuges tiene un "defecto" al momento de contraer matrimonio genera desequilibrio. Por ejemplo, si una mujer ya tiene un hijo le conviene casarse con un hombre que también tenga un "defecto", porque si no, ella se enfadará con él, porque nunca podrá llegar a un nivel de igualdad.

Si no es posible llegar a un equilibrio:…. El equilibrio hasta ahora explicado sólo es posible entre personas que se mueven a un mismo nivel (esposo-esposa, hermano-hermana, etc.), es decir, de igual a igual. Pero es diferente entre padres e hijos (maestro-alumno, madre-hija, etc.). Los hijos nunca pueden devolver a sus padres nada equivalente, porque esto es insuperable. Por esta razón, la vinculación entre ellos se fortalece y hace que después sientan el impulso de salir de la obligación, lo que los canaliza a alejarlos para que ellos (los hijos) pasen –transmitan- a sus propios hijos (o a otras personas) lo que recibieron de sus padres.

Agradecimiento como recompensa:…El decir *"gracias"* muchas veces sustituye el agradecimiento. Significa: lo tomo con alegría y lo tomo con amor, lo cual expresa un reconocimiento del otro. Al dar las gracias no rehúyo el dar; aún así, ésta es, a veces, la única

respuesta adecuada para quien recibe, por ejemplo, una persona con capacidades disminuidas (discapacitados), un enfermo, un niño pequeño, una persona pobre de economía, etc. El que da las gracias reconoce: *"Tú me das, independientemente de que yo, en algún momento, pueda devolvértelo, y yo lo tomo de ti como un regalo"*.
El que acepta el agradecimiento dice "Tu amor y el reconocimiento de mi don para mí significan más que todo lo que aún puedas hacer por mí".

Cuando ya no es posible la reparación:...La deuda y el daño adquieren una importancia fatal, en el momento en que una persona sufre tal daño en su cuerpo, vida o propiedad, que ya no sea posible la compensación. En un caso así, ninguna expiación, ni ningún otro hecho pueden restablecer el equilibrio. Tanto el autor como a la víctima sólo les quedan la impotencia y la sumisión, cualquiera que sea el destino de cada uno de ellos.

La recompensa negativa:.....La culpa como obligación y la inocencia como reivindicación y descarga están al servicio del intercambio y mantienen nuestras relaciones en marcha. El autor y la víctima se ven sometidos a esta necesidad. La víctima tiene el derecho de reivindicar la compensación, y el autor se sabe obligado a ella. Cuando la víctima pretende perjudicar-dañar igual o más al perpetrador lleva a la desdicha, porque el inocente trama el mal (como Caperucita Roja).
Sólo cuando los dos, culpable y víctima hayan estado igualmente enfadados y hayan sufrido igual entonces tienen la posibilidad de llegar a la paz y la reconciliación.
De lo negativo, más vale devolver algo menos:...

-El principio del orden de rango: Es una necesidad de encontrar seguridad en conveniencias Sociales que hacen previsibles nuestras relaciones. Este principio respeta el tiempo. El que llega primero al sistema tiene el rango más alto. Cuando un miembro posterior interviene en los asuntos de alguien que llegó antes, sea cual sea la razón por la que lo hace, tenderá a castigarse a sí mismo, fracasando en lo que emprenda en su vida. Esto implica que la intención con la que el posterior se arroga los asuntos de un anterior puede ser muy buena, pero ni por eso funciona de manera adecuada; a veces un hijo desea restablecer los derechos de uno de sus padres, o reparar la culpa por mamá o papá, o vivir en lugar de alguien más un destino difícil. En ninguno de estos casos por más buena que sea la intención el resultado será favorable. Por eso, que cada persona del sistema tenga su lugar correcto dentro del mismo; la conciencia grupal mira más a los que están primero, luego a los que están después. Esto es lógico para la supervivencia porque si los padres sobreviven, rápidamente podrán tener otro hijo. Si el padre decide por el hijo en lugar de la madre el grupo se pone en peligro de extinguirse.

Es importante tener en cuenta que ni mediante la conciencia personal ni mediante la conciencia colectiva podemos romper con las dinámicas enfermizas para el sistema familiar. Se requieren de fuerzas superiores, entrando aquí el concepto de ALMA...

CONCIENCIA
Es la instancia que decide si lo que hacemos sirve a la relación no la daña.
Siempre se experimenta en las relaciones interpersonales dentro del sistema familiar, y no tiene nada que ver con lo bueno o malo del sentido moral, sino que es un balance que nos hace reaccionar inconscientemente aún en contra de nuestros deseos, bajo presión de instinto, necesidad o reflejo. Son valores familiares transgeneracionales basados en la utilidad hacia la propia familia, siendo diferentes en cada grupo.

Conciencia mala es disentir de la familia, cuando hacemos cosas que dañan la relación, nos sentimos incómodos o culpables. El culpable con la familia se siente traidor, lejano en pertenencia, incómodo y obligado a compensar.

Conciencia buena es cuando hacemos cosas que sirven a la relación, nos sentimos inocentes o experimentamos bienestar. El inocente con la familia es leal, cercano en pertenencia y plena.

Una paradoja es que al pertenecer a diferentes grupos (con diferentes conciencias) mientras somos inocentes para uno de ellos generamos culpa cuando miramos hacia el otro; por eso la inocencia es una ilusión, nunca estamos del todo bien con nuestra conciencia.

La conciencia colectiva no juzga "bueno o malo", pero la conciencia personal sí.

El costo de crecer es una conciencia mala de sentirse culpable. Para poder crecer tengo que asumir mis culpas y reparar.

Perdón, culpa e inocencia

-Quien no reconoce su culpa no tiene nada que reparar.

-¿Víctima o perpetrador? Ambos son parcialmente inocentes y/o culpables.

-Perdón malo....perdóname.

-Perdón bueno....te ofrezco una disculpa.

Los hijos no deben de perdonar, pero sí ofrecer una disculpa cuando hicieron daño o fueron soberbios.

Los hijos que perdonan a los padres son arrogantes. Los padres no deben pedir perdón a los hijos, pero sí pueden ofrecer disculpas, decir "lo siento" o "reconozco que he cometido una injusticia contigo". Los padres sí pueden perdonar a los hijos.

-El perdón apresurado sustituye un enfrentamiento inadecuado y que, en vez de solucionar el conflicto lo tapa y lo transfiere. El mismo efecto tiene el perdón arrogante.

-Si se pretende llegar a una reconciliación auténtica el inocente no sólo tiene derecho a la reparación y la expiación, sino incluso tiene la obligación de exigirlas. De lo contrario, él mismo se hace culpable con el culpable.

-El perdón bueno respeta la dignidad del culpable, conservando al mismo tiempo la de la víctima. Un ejemplo:

Una mujer que abandona al marido y después de algún tiempo quiere regresar con él. En esta situación la dinámica que enferma se representa mediante frases como "como me abandonaste, yo soy moralmente superior a ti y ya no te necesito". Contra tal inocencia el culpable se ve impotente.

Diferente será cuando la persona "ofendida" exprese frases como "me lastimaste; ahora disculpo tu ofensa. Tomo la parte de responsabilidad que me corresponde y te dejo la tuya". Ante esto, las posibilidades del "ofensor" son mayores.

Conciencia personal

Nos dicta lo que es bueno (nos sentimos inocentes) y lo que es malo (nos sentimos culpables) en el sentido de nuestra pertenencia a nuestro sistema de origen. Y este tipo de conciencia es de compensación y de vínculo...

Conciencia de compensación

Su función es equilibrar el dar y el tomar. Cuando se presenta un exceso en el dar la persona se siente inocente y con derecho de reclamar. Cuando se da un exceso en el tomar la persona se siente culpable y con sentido de obligación.

Conciencia de vínculo

Su función es mantener unido al grupo familiar; se experimenta como buena conciencia cuando lo que hacemos nos asegura nuestro derecho a pertenecer; y se experimenta como mala conciencia cuando lo que hacemos pone en riesgo nuestra pertenencia al grupo.

Conciencia de grupo (colectiva o sistémica)

Su función es mantener el orden y las reglas dentro del sistema familiar; este tipo de conciencia no la podemos percibir tan fácilmente porque funciona de manera inconsciente. Representa una fuerza sanadora que muestra lo que antes era inconsciente y hace posible un cambio. Para este tipo de conciencia no existe el bien o el mal, lo único importante es mantener la integridad de todo el sistema.

Tanto si lo queremos como si no, nos vemos expuestos a su poder que nos obliga a fines que van más allá de nuestros deseos y de nuestro querer consciente. Aquí es donde actúan las dinámicas ocultas para equilibrar el sistema. Y sigue tres principios o necesidades.

GESTOS, POSTURAS Y MOVIMIENTOS

-Gesto de apoyo: colocar las palmas de las manos en la parte alta de la espalda
-Gesto de reverencia: inclinarse hacia delante de la persona a la que se honra
-Gesto de Dar: con manos abiertas y palmas arriba.
-Gesto de Tomar: con manos abiertas y palmas abajo.
-Sentir el amor de tu madre: Pon tu cabeza en el corazón de tu madre…
-Gesto de los padres para respaldar y proteger a un hijo: Pon tu espalda entre tus padres para que te respalden:
-Gesto de soltar a mamá (o a papá) bajando los brazos el hijo, es para no aferrarse a ellos.
-Ojo con los abrazos en CF, que los padres queden erguidos y los hijos recargados en el pecho de sus padres/madres.
-El hijo soberbio se pone de rodillas y toma lo que le ofrece la mamá.
-La mamá ayuda a que su hijo se levante.

F R A S E S

-En la fase de atore no usar frases sanadoras, sólo puras de atore. Y en la fase sanadora ya no regresar a frases de atore, sólo usar puras sanadoras.
-Cada frase de atore/sanación tiene una intención, no se dicen nomás porque sí.
Si la persona afirma que la frase sugerida no le checa o no le nace decirla, se le pregunta: ¿entonces cuál frase te checa o te nace decir?

    *DINÁMICA OCULTA: **'TE SIGO'**
FRASES DE ATORE:
Todavía me duele que te hayas ido…
FRASES SANADORAS:
-Respeto y honro tu decisión…
-Me hubiera gustado que fuera diferente…
-Honro tu vida y honro tu destino…
-Mi enojo lo resuelvo yo…
-(Habla el muerto) Todavía me duele haberme ido…
-(Habla el muerto) Por mí eres libre…
-Lo lamento…lo siento mucho
-Creí que esto era lo mejor…
-Mira con buenos ojos que yo siga mi camino.
-Lo tuyo es tuyo y lo mío es mío.
-Ocupo tu bendición para seguir mi propio camino.

    *DINÁMICA OCULTA: **'MEJOR YO QUE TÚ'**
FRASES DE SANACIÓN:
-Me hubiera gustado que fuera diferente…

-Honro tu vida y honro tu destino…
-Lo lamento…lo siento mucho
-Creí que esto era lo mejor…

*DINÁMICA OCULTA: '**CARGAR/EXPIAR LA CULPA**'
FRASES DE ATORE:
-Por no haber tomado lo de mis padres quiero ayudar a los demás para sanar esa culpa que traigo.
-"Papá, y mientras tanto decido llenarme de otras cosas, como el alcohol".
FRASES DE SANACIÓN:
-Yo no cargo lo de los demás.
-No acepto tus chantajes, padre, no te puedo ayudar más de lo que puedo.
-(Acompañado de un gesto de reverencia) Te dejo lo tuyo y me quedo con lo mío…
-De lo que salió mal entre tú y yo tomo mi responsabilidad y te dejo la tuya…
-Yo sólo soy tu hijo y esta deuda (o culpa) es tuya…
-Creí que esto era lo mejor…

*PRINCIPIO: **PERTENENCIA**
FRASES DE SANACIÓN:
-Te reconozco
-Ahora te veo.
-Ahora te veo como mi hija.
-Pertenecemos…
-Por favor, mírame como tu hija…
-Te acepto…
-Tienes familiares biológicos y tú decides si te quedas con ellos o con nosotros que te adoptemos…
-Te tomo como mi madre…
-Te honro como hombre y como mi pareja.
-Te agradezco estos 19 años de …
-Me hubiera gustado que nuestra familia siguiera con papá y mamá…
-"Te veo. Y ahora que te veo te reconozco. Eres parte de mí".

*PRINCIPIO: **COMPENSACIÓN**
FRASES DE SANACIÓN:
-De lo que no me diste yo me hago cargo…
-Es como es, aunque no te guste…
-Lo tomas o lo dejas, sin enjuiciar…
-Esto es lo que te puedo ofrecer.
-Tomo lo que me das.
-Esto es todo lo que te puedo devolver en este momento y sé que estoy en deuda contigo.
-(Acompañado de un gesto de tomar con las manos) Tomo la vida al precio entero que a ustedes les costó y que a mí me cuesta. La tomo con todo lo que encierra, con las limitantes y con las posibilidades…
-He recibido mucho, sé que es muchísimo, y es suficiente. Lo tomo con amor.
-Tomo la vida. La tomo toda, con lo bueno y lo no tan bueno. Con lo que viene de ti papá, y también con lo que viene de ti mamá…

-Yo me encargo de lo que falte. Y ahora los dejo en paz…
-Lo tomo todo y, cuando sea mayor, lo pasaré a otros…
-Lo tomo todo, con amor, gracias…
-Te tomo como mi madre.
-Tomo la vida al precio entero que a ustedes les costó.
-¿Hasta ahí quieres tomar a tu mamá? (y se le explica lo que es respaldar y luego se le insta a que si quiere intentar tomar de nueva cuenta)

   *PRINCIPIO: **ORDEN DE RANGO**
FRASES DE SANACIÓN:
-Los asuntos entre tu mamá y yo son asuntos entre ella y yo, así que no te metas…
-Tú eres la grande, y yo la pequeña, y como la grande que eres yo te respeto…
-(Dice la madre a su hija) Aquello con papá lo sé hacer yo sola…
-Ninguno como tu padre biológico…
-A partir de hoy no me meto…
-"Respeto y honro tu decisión".
-Te reconozco como la grande, yo soy la pequeña…
-Te reconozco como mi hermano mayor que yo, y me reconozco como tu hermano menor que tú.
-Aquello con mamá lo sé hacer yo solo. Para eso no te necesitamos…
-No tiene que ver contigo y no tiene que ver con la relación entre tú y tu papá…
-Dile a tu hija 3 cosas agradables que hizo tu exmarido…
-Por mí, eres libre…
-Ya no quiero hacerlo más (retar a la madre).
-Ya no quiero impedir que me abraces.

EJERCICIO DE LINAJE MASCULINO
Se hace una cadena de miembros masculinos:
Padre del PI (colocado atrás del PI, tocándole el hombro derecho); Abuelo del PI (colocado atrás del Padre del PI, tocándole el hombro derecho); Bisabuelo del PI (colocado atrás del Abuelo del PI, tocándole el hombro derecho).
El Paciente Identificado (PI varón) camina alrededor de ellos para verlos y reconocerlos como su linaje de energía masculina. Luego, en señal de reverencia, inclina su cabeza hacia abajo, honrando y agradeciendo a ellos.

6.- ALGUNOS CASOS, FENÓMENOS Y TRANSTORNOS EN PSICOTERAPIA

"Nunca vueles en la misma cabina con alguien que sea menos valiente que tú".
Un piloto de avión

"Todo camino terapéutico incluye aspectos pedagógicos".
Fleche y Levy

"Cuando ya no somos capaces de cambiar una situación; tenemos el reto de cambiarnos a nosotros mismos".
Viktor Frankl

"Si corres en vez de tu hija y no la dejas correr, ella no llegará a la meta".
Ángel Mora

Dijo un paciente: "Me doy cuenta que si ya estoy en el pozo ¿para qué sigo escarbando? mejor esa energía la ocuparé para hacer una escalera"

6.1.- FACILITANDO LO DIFÍCIL DE LA VIOLENCIA DE GÉNERO

"Una persona no maneja un carro mirando el espejo (el pasado)
todo el tiempo, lo usa cuando lo necesita".
Anthony Robbins

Mientras manejamos un vehículo, no basta controlar lo nuestro,
también hay que ver qué hacen o qué harán los otros conductores.

6.1.1.- LA TELARAÑA Y EL DESENREDO

En un Programa de Violencia de Género que impartí a hombres adultos, durante la primera sesión facilité la técnica grupal de "La Telaraña", que tenía doble propósito: generar rapport y abordar los aspectos de los enredos y nudos sistémicos y de pareja que desembocan en actos de violencia hacia los demás, principalmente enfatizando a las mujeres como víctimas de dichos actos; estando ya los usuarios con la telaraña" tejida con el pabilo.

En la última sesión de este Programa (la dieciseisava), les pedí a los usuarios que desanudaran la bola de pabilo que les mostré (la misma que se usó en la primera sesión), una vez que cumplieron esta instrucción organizándose entre ellos, procedimos a retroalimentar qué habían "desanudado' y 'desenredado' a lo largo de las sesiones de este Programa. Lo relevante fue que se usó la misma figuración al principio y al final del programa.

6.1.2.- HOY ES OTRO DÍA, OTRO MOMENTO

Después de que se relajan corporalmente y cierran los ojos, les comento al grupo de hombres que hoy es un nuevo día para comenzar a cambiar su vida. Y que, si estuvieran enojados con su pareja, vale la pena recomenzar, volver a tocar a la pareja y reconciliarse. Atreverse a rasgar la pared de papel que se construyó por una discusión o conflicto. A final de cuentas, uno de los tiene que dar ese paso, y qué mejor que sea más pronto que otras veces.

6.1.3.- HACIA DÓNDE MIRA LA PAREJA

Dos personas ponerse de espaldas en respectivas sillas, en silencio durante un minuto. Y luego sentados al lado en sus sillas mirando en una misma dirección. Retroalimentar.
Hay que enfatizar que es importante mirar en la misma dirección. Enlazar lo anterior con el cuento de A. Jodorowsky de su libro *'Sabiduría de los chistes'* (página 21), sobre lo que contó Mulla Nasrudin.

6.1.4.- MOSTRAR LA CODEPENDENCIA

Participan dos personas enfrente una de otra, colocan sus manos al frente hacia arriba y entrelazándolas, manteniendo sus piernas separadas y el cuerpo ligeramente inclinado hacia el frente, haciendo fuerza al empujarse las manos, luego se les pide soltarse bruscamente.
Otro ejercicio:
Dos personas caminarán de varias maneras: a) tomados del brazo, b) tomados de la mano, c) separados caminando hacia direcciones distintas, d) separados pero caminando hacia una misma dirección. Retroalimentación y Breve comentario sobre la Codependencia.

6.1.5.-LA ESPADA Y EL JARRÓN

Que dibujen una espada y un jarrón en una hoja blanca tamaño carta. El dibujo será a su gusto y criterio. Después de 7 minutos, cada participante comparte a los demás su dibujo y hace un breve comentario de lo que dibujó, cómo lo dibujó, su significado y el moderador le hace algunas preguntas de lo que vea proyectado ahí. Hay que estar atentos a si dibujó la espada (lo masculino) y el jarrón (lo femenino) juntos o separados, el tamaño de cada elemento, si notamos algún tipo de agresión proyectada, etcétera.

6.1.6.-EL CAMBIO.
Importante comentario a los miembros de un grupo: Los cambios serán con base en tus creencias, ideología y sentido de vida, no en lo que te diga o sugiera yo como terapeuta.

6.1.7.- CICLO DE VIOLENCIA
Con cartones, uno para cada una de las 3 estaciones del ciclo: 1.-Acumulación de tensiones, 2.- Explosión de la violencia, 3.-Arrepentimiento y luna de miel. Pedirles que recuerden un evento de violencia con su pareja. Que describan los detalles (y el moderador hacerles preguntas) al dar una vuelta con el ciclo normal. En la segunda vuelta que darán, se posarán en el cartón que dice "Lo que hago hoy es... (puesto a un lado de cada estación). Al final de la segunda vuelta, salirse del ciclo unos metros y opinar sobre sí mismo. Otra alternativa: llevar lona impresa con las 3 estaciones.

6.1.8.-TRABAJO CON CREENCIAS
Mostrar figuras ambiguas gestálticas, pinturas ambiguas de Octavio Ocampo, Oleg Shuplyak, Eric Montoya, Victor Molev, Josean Figueroa, etcétera (buscar sus pinturas en Internet). También, en Youtube hay un video que caricaturiza la formación de un paradigma.

6.1.9.- ENOJO VS. TRISTEZA
Enojo (Figura) vs. Tristeza (Fondo). Enlistar elementos que los participantes asocien con cada emoción y facilitar el darse cuenta de la figura vs. el fondo. Apoyarse en el cuento de Bucay: "*La Tristeza y la Furia*".

6.1.10.-CANTAR CANCIONES EN PRIMERA PERSONA.
¿Cuáles canciones recuerdas más de tu niñez o de determinada época? podrías rastrear sentimientos de ese trauma para trabajarlos en un grupo o en individual. Algunos comparten canciones ancladas a recuerdos tristes o hasta traumáticos, otros comparten canciones asociadas a diversión en su niñez. Y cuando se les pide que la canten en primera persona, la emoción se vuelve más intensa, por lo que proyectan en ella.

6.1.11.-COSIFICAR A LA PAREJA.
Uno de los mayores insultos a la pareja es cosificar al otro, que implica denigrar y humillar, ser violento y herir emocionalmente al otro. Hacen toma de conciencia sobre las maneras en que cosifican a su pareja, y de cómo sus parejas los cosifican a ellos. Qué diferente sonó cuando uno de ellos comentó en otro momento: "cuando estábamos embarazados mi pareja y yo…".

6.1.12.- ALGUNAS MANERAS DE MANEJAR LAS EMOCIONES
Antes: Respetar, ser educado, observarse y observar a los demás, evadir pláticas sobre temas polémicos, comunicarte con los demás para que te conozcan tus gustos y tus disgustos. Respiración abdominal. No tomarse personal lo que digan los demás. Detectar las señales de riesgo de violencia, en la cabeza (pensamientos desagradables o de molestia), cuerpo (sensaciones de dolor, incomodidad, desagrado, punzadas, temblores) y "corazón" (emociones de malestar).
Durante: Escuchar, no juzgar, respirar profundamente, no retar, no insultar, no amenazar, tener

paciencia, no ser agresivo con gestos o señas, pensar en las consecuencias, aplicar tiempo fuera, portarse humilde, pensar en la familia, aplicar la actitud del mesero, no dar consejos sino sugerir, comprender el estado emocional de la otra persona, controlar tus impulsos, ofrecer una disculpa si ofendiste o dañaste al otro.

Después: Orar por el otro, usar válvulas para descargar las emociones: deporte, trabajo, ejercicio, caminar, gimnasio, etcétera. Usar algún ejercicio de terapia, leer un libro sagrado o de autoayuda, desahogarse con un amigo o familiar, reconocer nuestros errores y hacernos responsables de las consecuencias. Solicitar ayuda terapéutica.

6.2.- GÉNERO Y GENERAR ENERGÍA FEMENINA

Crecí con gran influencia materna, resulta que mi padre estaba ausente emocionalmente, porque anduvo distraído en alcoholismo mientras yo vivía mi niñez y adolescencia. Pasó entonces que siendo niño tenía algunos movimientos "femeninos" al caminar y al mover mis manos, lo que algunos malinterpretaban como señales de homosexualidad. Incluso, a la edad de 7 u 8 años, con engaños sufrí abuso sexual de un adolescente. Yo no era consciente de mis movimientos en aquellos años, solamente experimenté que algunos homosexuales me coquetearan y yo los rechazara, además de que por mi timidez me daba pánico cortejar a las mujeres, simplemente no sabía la manera, era inhábil socialmente.

Pasa el tiempo y descubro mi capacidad de inspirarme y escribir poemas, apasionarme con un gallo de mascota, colaborar en mi casa con quehaceres domésticos, acciones que para varios hombres "no son masculinas". Siempre tuve clara mi atracción por las mujeres, desde los 6 años de edad me atraía una niña de la Privada donde vivíamos.

En cierto Posgrado, no diré cuál, cierto facilitador estaba trabajando conmigo en medio de un grupo, y resulta que empezó a confrontarme de que "sacara" mi "verdadera" preferencia sexual, que ya era el momento de dejar de ocultarla (¿?).

Se fue con la finta de la pura observación, si hubiera investigado mi vida, se daría cuenta que por momentos emerge mi energía femenina en movimientos o acciones, sin embargo, no soy homosexual. Después él se disculpó conmigo, y seguramente aprendió una lección. Recuerdo que en una ocasión estaba sentado en una banca, con las piernas cruzadas, y se me acerca una mujer y me pregunta que, si soy homosexual, pensé entonces si les preguntarán esto a todos los que se sientan de esta manera. En los últimos años, mi energía femenina la intercambio con gatos que me acompañan de mascotas, con el afecto y amor que doy a mi esposa, mis hijos y nietos.

6.3.- CASOS

6.3.1- DOLOR PATERNO

Recibo a un consultante, hombre adulto que está en un proceso de duelo desde hace unas semanas y me solicita continuar trabajando en el asunto.

1.-Le pido configurar dos monitos, uno que represente a su padre y otro a él como hijo. Entonces, retroalimento aspectos de distancia entre monitos, dirección de miradas de cada monito, tamaño y aspecto de los monitos que eligió, etcétera.

Por cierto, eligió para su padre un monito grande, un señor que expresa aparente ira en su mirada; y para él mismo eligió un monito más pequeño, similar a un adolescente.

2 -Durante la retroalimentación, expresa sentir un nudo en la zona pectoral derecha superior.

3.-Por lo que le pido que coloque una mano en la zona del dolor emocional, mientras sus ojos siguen mis dedos (estimulación bilateral) en multidirecciones verticales, horizontales, diagonales, ochos horizontales, así como barrido de zonas superiores, centrales e inferiores.

4.-Luego, que mantenga su mano elegida en la zona del dolor emocional, mientras con la otra mano aplica tapping EFT en puntos energéticos de su rostro. La frase elegida fue: "A pesar de todo este sufrimiento, te quiero mucho papá".

5.- Colocar monito del padre dentro de un ataúd en miniatura (uso uno de 25 cm de largo, material de cartón y pintado de negro, con una cruz dibujada, con una semi-tapa para abrirlo y cerrarlo).

6.-Tomar el monito que lo representa a él como hijo y decirle unas palabras al monito que representa a su padre.

7.-Quitar el monito del ataúd y preguntarle qué siente en este momento. Responde que con esa acción sintió dolor y que lo siente que lo lleva como una Carga, entonces, le indiqué que cargara el ataúd y caminara unos metros (dio una vuelta caminando entre dos cubículos, lentamente). Retroalimento esto.

8.-Realizar *body scan* (chequeo corporal) preguntándole las características actuales del dolor emocional (actual lugar, intensidad y resonancia). Expresa que el dolor ha desaparecido y se siente relajado, sin cargas.

9.-Al final, para contribuir a estabilizarlo más, se aplica relajación usada en *Alba Emoting*, que mire hacia arriba en vertical mientras inspira (por ejemplo, siguiendo el movimiento de mi mano), y luego que exhale mientras baja la mirada en vertical (por ejemplo, siguiendo el movimiento de mi mano).

10.-Se hace la retroalimentación final y el cierre. Toda la sesión duró aproximadamente 60 minutos.

6.3.2.- DOLORES DE MI ESPOSA Y MI MADRE

Hace unas semanas, mi esposa tenía un dolor en dos muelas en su lado izquierdo, porque tenía zonas ya sin esmalte ni protección. Dice que ya no soportaba el dolor. Ingirió medicamento contra el dolor, no le hizo ningún efecto.

Y como ya era de noche y ella no podía dormir por el dolor, le apliqué el 'borrado del dolor' (PET) que son movimientos de mi mano para estimular sus movimientos oculares bilaterales en determinadas direcciones, mientras se tapa uno de los ojos. Esto redujo medianamente su dolor.

Lo intentamos también con EFT y a través del punto 4IG que está entre el pulgar y el dedo índice de la mano. Sin embargo, la intuición me llevó a presionarle en medio del codo, en la parte anterior (frontal), y aquí ocurrió lo sorprendente, con eso bastó para que ya no tuviera dolor, pudo dormir sin contratiempos. Y al día siguiente acudió con una odontóloga. Después, investigué que en esa parte del codo está el punto energético IG11 del meridiano Intestino Grueso, y es considerado por varios como uno de los mejores puntos energéticos (solo o combinando su acción con otros puntos) y la acción terapéutica es para fiebre, calores excesivos (bochornos), dolores de muelas, dolores de brazo y codo, opresión en el pecho, problemas digestivos y trastornos de la piel tales como herpes zoster. Y también repasé lo que opina la Biodescodificación.

Días después, mi esposa empieza a tener estornudos frecuentes, pareciendo rinitis alérgica. Pasan los días y no cesan. Entonces, uno de esos días, estando a oscuras con ella en la cama, decido intervenir, le pido que con los ojos cerrados realice movimientos oculares horizontales, verticales, circulares y diagonales.

Después, le facilito EFT, la frase trabajada es: "A pesar de esta alergia, me acepto tal como soy". Aplica tres rondas. Entonces, le pido que imagine intensamente a persona interior de cuando empezó esta rinitis (la de hace 3 semanas) y le aplique Reimpronta Matricial (tapping en sí misma, imaginando que se lo aplican a sí misma la del pasado), la frase trabajada es "A pesar de esta alergia, te acepto tal como eres". Luego, le digo que haga un diálogo con su nariz para saber qué mensaje te quiere decir a través de esos estornudos. Después de esto, su rinitis terminó.

Ahora, lo que pasó con mi madre. Estaba de visita en Colima con ella platicando, cuando de repente empezó a doblarse y a quejarse de un dolor en su pie derecho hinchado. Le aplico 'borrado del dolor' y en menos de 4 minutos termina el dolor, que ya no volvió en las próximas horas de ese día.

6.3.3.- ORIGEN DE SU DROGADICCIÓN

1.-Adulto que detecta que la primera vez que se drogó es porque le abrumaba el hecho de ver a su madre que se alcoholizaba desde que su padre los abandonó, y cuando una amiga le ofreció droga, decidió drogarse.

2.-Le pregunto: ¿En qué punto de la pared ubicas este hecho? Respuesta del consultante: En la parte izquierda superior. Mientras fija su mirada en la zona señalada, hace tapping bilateral en sus rodillas durante 5 minutos. Luego realiza tapping en su mano izquierda en el Punto K (Punto karate, situado 2 centímetros de la lateral del dedo meñique), acompañado de la frase "Aunque me doy cuenta que mi inicio en la drogadicción está relacionado con mi madre alcoholizada y con el ofrecimiento de una amiga, eso es parte del pasado y hoy es diferente".

3.-Detecta un punto en la pared con un recuerdo muy positivo. Durante 5 minutos hace oscilaciones de sus miradas entre este punto y el punto de la izquierda superior donde ubicó su primera experiencia en drogarse.

4.-Retroalimentación breve.

5.-"Durante 3 minutos realiza el abrazo mariposa, enfocado en el evento de que veía alcoholizada a su madre.

6.-Retroalimentación final, donde afirma que ahora ve desde otra perspectiva el motivo que lo llevó a drogarse y a estar tantos años.

7.-Realiza ejercicio de "Palmeo" (ver en qué consiste, en el subcapítulo 'Integrando Polaridades en Terapias Energéticas').

8.-Prescripción de tarea: Como trae puesta una playera con la palabra de una marca deportiva, le sugiero que cuando o salga en libertad se compre una playera del mismo color o lo más parecido posible, y de la marca de ese nombre señalado. Dicha camisa que la porte y/o que la tenga a la vista en algún lugar de su casa.

9.-Cierre de sesión.

6.3.4.- CELANDO A SU ESPOSA, CESANDO SU PROPIA CONFIANZA

1.-Adulto que detecta que lo hace (el celarla) por falta de confianza en sí mismo y por miedo a que otro hombre la conquiste

2.-Le pido que en un vaso de agua ponga la cantidad de confianza que se tiene a sí mismo, coloca un volumen de agua (purificada, de garrafón) equivalente a la tercera parte del vaso.

3.-Le instruyo a que coloque un monito representándolo a él y otro monito representando a su esposa.

4.-Entonces le indico que con su monito representante, asido con la mano izquierda, le diga al monito representante de su esposa que esa misma cantidad de confianza en el vaso es la que le tiene a ella. 5.-Retroalimentación de esto.

6.-Le pregunto con qué alternativas de acciones hacia él mismo puede incrementar su confianza: encontrando que diciéndose más palabras bonitas y positivas, abrazándose él mismo, gozar, acariciar su cuerpo en una ducha, mar, río o lluvia y agradecerles a sus manos, pies, corazón, cerebro y a todo su cuerpo por mantenerlo vivo. Él mismo, añade que todo esto lo puede también hacer con su esposa y con sus hijos porque casi no lo hacía cuando no estaba preso (privado de su libertad).

7.-Se le pide se visualice en lo inmediato y en el futuro a corto, mediano y largo plazo realizando las acciones que identifica para incrementar su confianza, y por ende, reducir proporcionalmente su miedo a perder a su esposa.

8.-Vuelve a introducir agua al vaso y lo pone en un nivel de llenado aproximadamente de 4/5.

9.-Le pido que introduzca una mano y la humedezca, para entonces con esa mano masajear ligeramente su corazón. Lo mismo con la otra mano, humedecerla en el vaso y luego masajear su corazón. Nota: lo moja y masajea por debajo de la camisa.

10.-Con una mano sujeta el vaso y con la otra mano sujeta su monito representante, se le guía para que repita la frase: "esta es la confianza que ahora me doy". Luego, se le pide cierre los ojos para visualizar la misma acción, esta vez imaginando a su esposa y a él mismo. Retroalimentar esto.

11.-Intuyo fenomenológicamente el introducir los monitos en el vaso, caben y quedan de una manera en que están abrazados de una manera ajustada, esto hace que el nivel del agua casi esté rebosante. Retroalimentar esto.

12.-Le solicito al consultante se retire 2 metros y desde ahí observe el vaso, elija una palabra para lo que ve (elige la palabra "Confianza") y le tome una fotografía mental y la guarde en su corazón. Que se imagine imprimir un póster con esa fotografía y coloque eso imaginariamente en su celda.

13.-Cierre de sesión.

6.3.5.- CONFIGURANDO AL PADRE

1.-Hombre que mantiene rencor hacia su padre.

2.-Monito para representarlo a él y otro para representar a su padre, los coloca cercanos pero mirando al frente en la misma dirección, retroalimentar a quién pueden estar mirando…

3.-Se le dice que coloque un mono en ese lugar y pone una mujer, a quien identifica como su madre

4.-Qué siente (sensación) el padre y qué sensación tiene el hijo al verla (a la madre), retroalimentar esto.

5.-Coloca tu mano encima de los monitos de tu padre y madre, abarcándolos, y cierra los ojos imaginando un abrazo entre ellos. Retroalimento esto.

6.-Coloca tu mano encima de los monitos de tu padre y de ti, abarcándolos, y cierra los ojos imaginando un abrazo entre ellos. Retroalimento esto.

7.-Coloca tu mano encima de los monitos de tu madre y de ti, abarcándolos, y cierra los ojos imaginando ese abrazo. Retroalimento esto.

8.-Coloca tu mano encima de los monitos de tu madre, tu padre y de ti, abarcándolos, y cierra los ojos imaginando ese abrazo. Retroalimento esto.

9.-Para que esté completa su familia, configura a dos hermanos y una hermana, en media luna, en orden. Se retroalimenta esto.

10.-Le toma una fotografía mental, la guarde en su corazón, y en su imaginación la imprime como un póster y lo coloca en su celda.

11.-Nota: Retroalimentar implica hacer algunas de las siguientes preguntas: ¿de qué te das cuenta?, ¿cuál es tu sensación en este momento? ¿este movimiento que hiciste te hace sentir cómodo o incómodo? ¿esto es para ti, agradable o desagradable?, ¿mejor o peor? ¿en qué parte de tu cuerpo está resonando en este momento algo emocional? ¿cómo es esto para ti? ¿para qué haces ese movimiento de ese monito? También, estar atento al lenguaje no verbal que muestra durante la sesión, sobre todo antes, durante o después de un movimiento en la configuración, por ejemplo:

¿Qué estás sintiendo al empuñar tu mano derecha en este momento? Veo que tu pierna izquierda la estás moviendo mucho en este momento, continúa haciéndolo y dime de qué te das cuenta. Noto que ahorita hiciste un gesto que aparenta ser de desagrado, dime qué estás sintiendo y con qué lo asocias.

6.3.6.- CORAJE HACIA SU PADRE

1.-Hombre que casi nunca habla sobre su padre, y en esta ocasión señala que es porque no tiene buenos recuerdos de él. A pregunta expresa, responde que uno de los peores recuerdos que tiene de él es un trauma de niño cuando su padre le negó prestarle unas pelotas

2.-Coloca su mano en su corazón y califica su rencor con un 9.

3.-Coloca monitos cerca, pero mirando hacia el frente (uno representando a su padre y otro representándolo a él. Se retroalimenta a quién pudieran estar mirando ambos.

4.-Toma un monito en su mano (que lo representa a él como niño, no eligió un mono adulto) le habla al monito representante de su padre, sobre su tristeza y coraje por el incidente de las pelotas.

5.-Toma una pelota y le transmite energía negativa que acumula en la pelota al apretarla con ambas manos (una a la vez).

6.-Luego se le pide que arroje con todas sus fuerzas la pelota en la pared que se le indica. Lo hace.

7.-Respira profundamente varias veces

8.- Visualiza escena del trauma con final diferente.

9.-Pone una mano en su corazón y califica su rencor con un 5.

10.-Se cierra la sesión y se continuará el proceso en más sesiones.

6.3.7.- CORAZÓN SUCIO Y EN DUELO

En sesión de seguimiento de duelo por muerte de su madre, un hombre menciona tener un dolor en el pecho. Se hacen rondas de EFT, y reporta solamente una leve baja en su dolor. Especifica que siente que su corazón está sucio y no halla cómo limpiarlo, asegurando que él ni su madre han podido hacerlo. ¿Entonces quién o qué podría limpiarlo? Responde que una hija, por ser una persona muy importante para él en su cambio. Le pido que esa hija se vuelva pequeñita, entre en su corazón, saque lo negativo de ahí y pinte de otro color las paredes de su corazón, para finalmente llenarlo con nuevas cosas positivas. Todo esto lo hace el consultante colocando una mano en su corazón. Le da las gracias a su hija. Después, le pido que, si así lo acepta su voluntad, siguiendo con una mano posada en su corazón, incline su cabeza hacia este y haga una honra a su madre fallecida, a quien dice amar mucho y que, sin embargo, desde hace muchos años no ha tenido un gesto como este. Con los ojos llorosos, asegura sentirse mejor. Antes de cerrar la sesión, realiza unos minutos de abrazo mariposa, concentrado en eso que dice sentirse mejor. Se continuará el proceso de duelo.

6.3.8.- HISTERIA CON FURIA

Mujer adulta entra en crisis histérica de furia, a los minutos de enterarse de que una amiga había sufrido un accidente. Alterada y sollozando, me dice que está muy enojada por lo que le pasó a su amiga. Le sugiero saque su coraje golpeando en dos cojines que le acerco, no lo hace, sin embargo, reposa su cabeza hacia adelante (agachada y con las manos sujetando ella misma su cabeza) en los cojines; por lo que entonces procedo a aplicarle estimulaciones bilaterales (alternadas) en su espalda, hombros, brazos, manos y cabeza, varios minutos en cada parte.

Luego, procedo a masajear su nuca y en los laterales de esta, lo que le llaman huecos en la base del cráneo. Finalmente, froto mis manos y facilito imposición de mis manos en su cabeza, en varias ocasiones.

Después de 40 minutos de esta intervención en crisis, y en que fue mejorando paulatinamente, afirma ya sentirse mejor. Es revisada entonces por una médico, quien afirma que está estable en sus signos vitales.

6.3.9- EL HIJO EN LA RODILLA

Del Área de Servicios Médicos me envían a un adulto que se queja de un dolor en forma de punzada, en la parte superior lateral exterior de la rodilla derecha. Me lo canalizan porque al final de su atención mencionó que había fallecido su hijo.

Llega a mi cubículo y, efectivamente, manifiesta sentir dolor en esa parte corporal ya señalada. Como parte del *rapport*, le pregunto que desde cuándo le duele, indago las zonas de dolor (aparte de la rodilla, dice que siente un nudo en el pecho) y otros detalles, para luego preguntarle: ¿y qué más ha pasado contigo en estos días? Fue entonces que sale a colación la muerte de su hijo, acaecida 5 días antes, aunque él se enteró apenas ayer a través de una llamada telefónica, y amaneció hoy con este dolor físico.

Como parte de los ejercicios terapéuticos, se toca la parte de la rodilla donde siente dolor y simultáneamente me platica sobre lo que sabe de la muerte de su hijo. Después, sumado a lo anterior, le pido que coloque su mano izquierda encima de donde siente el nudo en el pecho, en esa postura le digo, si le nace repetir las frases que yo diga, que lo haga:
"Hijo, agradezco haber contribuido a darte vida".
"Te reconozco como mi hijo, porque será así siempre".
"Este dolor en mi rodilla es una señal para tenerte presente, porque estamos
unidos por la sangre, tú estás dentro de mí y yo estoy dentro de ti".

Entonces, le solicito que cierre los ojos y en silencio le diga las palabras que él quiera a su hijo. Pasados unos minutos, lo sondeo para saber si todavía percibe "la presencia" de su hijo, me dice que sí, por lo que le pido que le ofrezca disculpas por cualquier carencia o exceso que haya tenido él como padre hacia su hijo; luego, que le perdone cualquier ofensa que su hijo haya tenido hacia él como padre. Finalmente, le pido que le haga una señal de bendición a su hijo y se despida de él con un abrazo, para después soltarlo y ver cómo se aleja.

Al evaluar su dolor en la rodilla y el "nudo" en el pecho, aseguró que éstos habían desaparecido, que en este momento se sentía "como liberado", y agradeció la atención a este servidor.

6.3.10.- LAS DROGAS SACAN LA ESCORIA QUE TENEMOS DENTRO

Algunas veces, he escuchado decir a personas que por culpa del alcohol arruinaron su vida; que el mentado "ice" los perjudicó; que la maldita heroína no los deja rehacer su vida; que si no fuera por el cigarro, él no podría hacer cierto trabajo.

Si a un vaso que tiene unos gramos de tierra en el fondo, lo colmamos de agua, esa tierra terminará saliendo, porque es lo que tiene el vaso.
Una esponja que absorbe agua, al exprimirla soltará esa agua, porque eso es lo que absorbió.
La droga, legal o ilegal, cataliza o acelera que saquemos "los diablos" que traemos dentro. Si no los sabemos sacar con otros medios más sanos (deporte, religión, trabajo, escuela, terapia, etcétera), terminaremos sacándolos con medios insanos, muchas veces es la droga el medio para ello.

Á veces se dice: "es que se veía tan seria esa persona, nunca me imaginé que se estuviera drogando". La máscara o el rol social no nos dice la verdadera personalidad de alguien, no nos dejemos llevar por las apariencias.
Alguien dijo que tal político no se "pudrió" con el poder, ya estaba "podrido" y el poder le ayudó a externarlo.

En una ocasión, a mitad de una sesión, como el consultante insistía en que "la culpable" era la droga, opté por comentarle sarcásticamente: "¿Entonces a quien le tengo que dar un *terapeadón* es a la droga y no a ti?". Estalló en carcajadas.

En otra sesión, con un consultante diferente, éste se extrañaba por qué a los 14 años de edad, desde que empezó a beber alcohol inició a ser violento. No lo entendía porque aseguraba que hasta antes del alcohol era muy trabajador y bien portado. Después saldría a relucir que su padre era violento y alcohólico y él observó muchas de esas conductas.

No se daba cuenta que introyectó, absorbió, tenía tierra que salió cuando abusó del alcohol.

6.3.11.- CONSTELANDO CONFLICTO CON UN JEFE

Hombre que refiere trabajar conflicto con su jefe inmediato, de quien se queja lo presiona y le encomienda alta carga de trabajo.

Utilizando plantillas de figuras de fomi que representan a hombres con cuadros (los niños en cuadros pequeños), y mujeres con círculos (una niña estará representada en círculo pequeño). Estas figuras están recortadas en la abertura que simula la mirada del representante, tal como aparecen en varios libros sobre casos de Constelaciones Familiares y tienen una superficie suficiente para que coloque los pies el consultante.

Le instruyo que coloque una plantilla que lo represente a él y otra que represente a su jefe (ambos son cuadros). Los coloca retirados y miran en direcciones distintas.

Estando encima de la plantilla que lo representa a él, el consultante expresa sentirse presionado, luego gira hacia su jefe y le comenta esto. Luego, se posa sobre la plantilla que representa a su jefe, hablando como este se dirige hacia la plantilla del consultante y le menciona que lo trata así porque él lo ha permitido.

Responde el consultante –desde su plantilla- que no le gusta este trato y que quizá no ha sabido defenderse como debiera.

Introduzco una plantilla que representará a su padre y le pido que la coloque donde crea necesario. La posa cerca de su jefe y mirando en dirección de su plantilla (del consultante).

Sale a relucir que su padre ha sido controlador con él, por lo que le reclama esto y luego le pide que lo trate como adulto, no como un niño.

Entonces, se pasa a pararse encima de la plantilla que representa a su padre, quien responde: *"es la manera en que te he educado"*.

Vuelve el consultante a su plantilla y responde a su padre (ayudado por el facilitador): *"Te agradezco por todo, y vamos conviviendo de otras maneras"*. Se va a la plantilla de su padre y como éste, responde: *"Está bien, así será"*.

Desde su plantilla, el consultante se dirige a su jefe y le dice: *"Ahora te comprendo más y me comprendo más, te respeto como mi jefe y deseo un trato también de respeto"*.

Se hace retroalimentación y se cierra la sesión, para citarlo a nuevas sesiones y continuar el proceso.

6.3.12.- SOLTAR AL HERMANO INCÓMODO

De tiempo atrás, en su proceso terapéutico, un consultante venía diciendo que estaba muy unido a un hermano (fallecido hacía un año) y que aún lo sentía cerca y se habían hecho promesas, antes de morir dicho hermano. Aprovechando que me contó un sueño donde a su hermano lo soñó que estaban ambos de espaldas y unidos por un hilo, eso para el consultante ahí representaba una carga pesada. Le sugerí que dialogara con su hermano sobre esa carga pesada que representaban las promesas que no había estado cumpliendo por diversas razones, disculpándose por eso y solicitándole ayuda para aligerar la carga y para cortar el hilo si él estuviera de acuerdo. Aceptó su hermano, y a partir de ahí, el consultante se ha sentido más liberado, siente que soltó la obsesión sobre su hermano. Y con las semanas y meses de seguimiento terapéutico, en efecto, se notó que esta sesión fue clave en este cambio que realizó.

6.3.13.- DIVIDIDO ANTE SU PADRE

Adulto en sesión de proceso sobre figura paterna.

1.- Elige un monito que representa a su padre, siendo un muñequito grande con expresión violenta en el rostro. En ese momento intuyo que hay que pegárselo (con cinta) en la muñeca de la mano derecha, le pido entonces que camine y haga movimientos de pies y manos durante unos minutos.

2.-Durante la retroalimentación, menciona que siente como si hubiera dos partes en él, uno rencoroso y otro maduro.

3.-Retoma el monito que representa a su padre. Le pido que coloque un monito que lo represente a él (el consultante) y lo coloque donde él quiera: elige un monito niño y lo pone enfrente a la izquierda del representante de su padre.

En ese momento le indico que coloque también un monito que lo represente a él (el consultante) como adulto; lo pone a un lado del niño, ambos mirando al padre.

4.-Le indico que cada parte suya exprese lo que quiera ante su padre. Le da voz a cada monito que lo representa. El niño se queja y le reclama; el adulto dice que está más preparado para retomar la comunicación.

5.-Le solicito que decida a qué monito prefiere poner ante su padre ¿al niño o al adulto? ¿quién conduce mejor un vehículo o una relación? Le pido que lo pruebe con cada uno. Lo prueba poniendo el niño ante su padre (delante del adulto), dice: "no me agrada esta manera, porque nomás va a estar reclamando".

Coloca al adulto delante del niño, frente a su padre, y dice el consultante: "así está mejor, mejor así". Le sugiero le diga: "ahora te veo como mi padre", lo cual repite con los ojos llorosos.

6.-Cierre de sesión, el proceso terapéutico continuará.

6.4- DIALOGAR CON LA MANO IZQUIERDA:

1.-El hemisferio derecho es el traumado. La mano izquierda es la mano sensórica, diría Perls. La mano receptiva, femenina.

2.-Hacer diálogo interior abajo a la izquierda (PNL) sobre el problema o conflicto del motivo de consulta.

3.-Apretar una pelotita con la mano izquierda mientras se está concentrado en el problema o conflicto, estar atento también a la sensación que aparezca y en qué parte corporal se siente.

4.-Que la mano derecha diga lo que no puede decir la mano izquierda.

5.-Si surge algo negativo, entonces manipular submodalidades y facilitar estimulaciones bilaterales en ojos o de otra clase.

6.-Hacer tapping o acupresión en alguna zona de la mano izquierda (9 gamas, punto karate, 4IG) o en algún dedo.

7.-Checar la "línea de la vida" y "la línea del corazón", según los quirománticos, quizá pintarlas, retroalimentar. La "línea de la vida" alargarla y realizare VAK a futuro, retroalimentar sobre qué y cómo se visualiza.

8.-Finalizar con postura integral Gancho de Cook.

6.5- SUPERMEMORIA

Que hace muchos siglos, el griego Simónides estaba en una fiesta, feliz de la vida, cuando de repente sucedió una tragedia, un temblor derrumbó gran parte de la construcción donde estaba él y otros invitados, quedando algunos sepultados entre los escombros. Simónides sobrevivió, y cuando le preguntaron quiénes estaban en esa fiesta él contestó con precisión los nombres de esas personas.

Lo hizo con base en asociar la persona con el lugar en que estaba colocada, ya que conocía bastante ese sitio. Así de simple y potente fue su clave para memorizar. La lección de esto es que podemos tomar como referencia un lugar muy conocido por nosotros (nuestra casa, habitación, lugar de trabajo, entre otros), para asociarlo con personas, cosas, ordenamientos, listas, posiciones, etcétera.

Recuerdo el curso "Aprendizaje de Alto Rendimiento", impartido por el fisicomatemático Raúl Scherzer, que impresionó a los alumnos y docentes del Colegio Campoverde, en Tecomán, Colima, México, allá por el año 2001. El instructor parecía a primera vista hacer show estilo mentalista, sin embargo, demostró que las técnicas enseñadas eran prácticas, incluso para mí, que era un tema que tenía relativamente poco explorado. Sin embargo, el antecedente de esto fue en la década de 1990 cuando los argentinos del método ILVEM de desarrollo de la memoria anunciaban su curso en video, haciendo demostraciones donde el instructor memorizaba una lista de 20 palabras en pocos minutos, asombrando a la mayoría de los espectadores, incluyéndome a mí. Con los años supe que aplicaba técnicas que ya habían sido descritas por el mentalista Harry Loraine a mediados del siglo pasado, en su ya clásico y básico libro "Cómo adquirir una Supermemoria".

Posteriormente, adquiero los libros de la venezolana Jazmín Sambrano, "*Superaprendizaje*", "*Mapas Mentales*" y, "*Cerebro, manual de uso*". Muy interesantes sus libros porque resume conocimientos que hasta ese momento pocos autores retomaban. También, descubro el significativo libro "*Fotolectura*", de Paul Scheele, donde incluye una carta de John Grinder, co-fundador de la PNL, quien lo felicita y avala por ese método. Asimismo, aparece en escena Tony Buzan, creador de los revolucionarios y holísticos mapas mentales.

Para ese entonces yo tenía varios años laborando como docente, por lo que aplicaba para mí y para los alumnos algunas de las técnicas que iba aprendiendo.

A mediados de la década del 2000 sé de Ramón Campayo, español que empieza a llamar la atención a nivel mundial por romper varias marcas mundiales de memorización. Él escribe un fabuloso libro llamado "*Desarrolle una Mente Prodigiosa*", donde explica los métodos que utiliza para memorizar de una manera extraordinaria. Después, sorprendería escribiendo libros para dominar idiomas en 7 días, con métodos que asustan a los negocios de los institutos de enseñanza de idiomas.

A propósito del tema, narraré un caso que me sucedió. Llega una nieta, quien estudia en segundo año de escolaridad primaria, y me dice que en una próxima ceremonia cívica tiene que pasar al frente y decir (de memoria) una "enferméride", de la cual le dieron un papelito que decía así: "El 9 de septiembre de 1908, nace en Hidalgo del Parral, Aurora Reyes, la primera muralista mexicana".

Desde que yo me acuerdo y he investigado con varias personas, a todas ha sido de que, en pocas palabras implícitas que: "hazte bolas y memorízalo repitiéndolo como robot, hasta que lo puedas repetir".

1.-Empecé por explicarle que la palabra correcta es efeméride, no "enferméride", y que es una palabra de origen griego que significa un suceso o hecho importante que se celebra ese día o fecha en especial.

2.-La memorización efectiva y más duradera es la que conlleva asociaciones entre lo abstracto (auditiva y verbalmente las letras, números o palabras) y lo que tenga sentido para la persona, en este caso mi nieta. Por eso, la guie a que buscara asociaciones entre los términos clave de la frase, como lo son: "9 de septiembre", "1908", "nace", "hidalgo", "del parral", "aurora", "reyes", "primera", "muralista". En el caso de mi nieta, el 9 de septiembre lo imaginó como un reloj gigante con esa leyenda; 1908 como el número brillante de una casa que conoce; en un parque –ella conoce un parque que se llama Hidalgo- hay un establo (es lo que asocia con parral) donde está naciendo una niña que se parece a su tía Aura y está rodeada de reyes magos. La palabra muralista la asocia con una visita que hicimos a un museo y contempló un gran mural, ahí imagina a la mujer con un trofeo de primer lugar. Con esta mnemotecnia (técnica de memorización) se le hizo más sencillo aprenderse la efeméride.

3.-El siguiente paso fue afinar su postura corporal, la actitud de pasar al frente, estar junto al micrófono y cuidar aspectos de sus miradas, movimientos de manos y estar bien plantada, sin titubeos. Obvio que ensayó varias veces, hasta que le salió bien.

4.-¿A quién le hubiera gustado que su profesor/profesora le hubiera enseñado así? Por lo menos, a mí sí.

6.6.- SOBRE LA EXCELENCIA ACADÉMICA

Ya quisiera yo haber conocido y practicado las técnicas de superaprendizaje y supermemoria en mi época de estudiante de primaria, secundaria o en grados superiores. Y conste que fui alumno que conquistó los primeros lugares de rendimiento en diversas materias escolares, a nivel salón, escuela, municipio y estado. En la excelencia académica encontré: intelecto vano, fracaso social, memoria infiel, soberbia, desilusión y aprendí a no repetir esa trampa, esa trampa surgida de mi interrelación con un difícil entorno familiar, económico y emocional.

De ninguna manera estoy desmotivando a los alumnos a que saquen el 10 de calificación o que tengan una memoria de campeonato. Mi mensaje es que después de memorizar sigue la comprensión, después de la comprensión continúa el aprendizaje significativo y lo práctico, luego viene el compartir los conocimientos, enseñando a los que no saben. Después de varios años con mentalidad competitiva egoica, me di cuenta de que existía mucho egoísmo de los que sabían más y no compartían su sabiduría, así que ahí me nació el enseñar a los que menos saben, a través de la docencia y también de la asesoría informal.

Ah, y el famoso número, esa abstracción calificativa que toma significado cuando te esclaviza para una mantener una beca o ingresar en alguna universidad. Se vale que alguien tenga la meta de estudiar en otro país o de obtener una beca. Lo que no se vale es que se crea que una calificación de 10 te garantiza un trabajo o el triunfo en el mundo laboral. He conocido varios casos que demuestran lo que digo.

¿Qué siento ahora yo a muchos años de distancia de haber obtenido dieces y haber ganado concursos académicos? Que fácilmente podemos autoengañarnos…eso no es la vida, no es la práctica, no es el trabajo…es una burbuja que puede aislarnos de lo social, de los placeres de la edad, y que revienta en cualquier momento.

6.7.- EL AYUDAR

Si un mendigo no acepta tu ayuda, respeta su libre albedrío,
no seas...no acentúes tu ego.

Hace un buen de años, caminando por la calle, observé una persona pordiosera de avanzada edad. Mi reacción inmediata fue sacar una moneda y dársela. Mi sorpresa fue que la rechazó con un gesto, y diciéndome que no la quería.
Desde entonces, entendí que la ayuda no se forza, se ofrece sin imponerse, ponemos y el otro dispone si la acepta o no.

Pasó el tiempo y me volví a encontrar a la misma persona ¿Dejé de ofrecerle mi ayuda? No. Le volví a ofrecer una moneda, y me la volvió a rechazar. Esta vez, no hubo sorpresa, y sí mayor comprensión. Lo aplico en mi trabajo, metafóricamente, mi mano está extendida permanentemente, para quien quiera aceptar la ayuda que le ofrezco como terapeuta y psicólogo. Algunas veces me han rechazado, y algunos de esos en otro momento saludan mi mano y abordan el barco de la terapia junto conmigo.

6.8.- TRABAJAR CON NUESTRO NIÑO INTERIOR

"Una persona no es desgraciada por culpa del destino.
Disponemos libertad de tomar una actitud frente a lo que nos ocurre".
Mercé Castro

1.-Asentir la tierra de nuestra casa y los momentos de la propia niñez. Si se tiene la posibilidad de tener físicamente un poco de la tierra que esté dentro o cerca de la casa de nuestra niñez, hay que honrarla agradecer lo bueno y lo no tan bueno que experimentamos ahí.
2.-Trabajar con una fotografía de nuestra niñez, con Reimpronta Matricial, con tierra, objetos o juguetes de la casa donde habitamos en esa etapa de vida.
3.-Trabajar con fotografías (Colocarlas en sillas Gestalt, con Reiki, EFT Reimpronta Matricial, visualizar lo que se está sintiendo (con los 5 sentidos)..
4.-Se sugiere tomar una fotografía con teléfono celular del antes y el después del consultante en una sesión, para observar diferencias, tanto en postura, como actitud y lo que transmite el rostro y los ojos.
Marie Kondo, autora de "La Magia del Orden", afirma que lo mejor es deshacernos de las fotografías que nos hagan sentir tristes, sin embargo, opino que esto sería después de haber trabajado con ellas, como expongo en este subcapítulo, porque de no hacerlo, sería perder una enorme oportunidad de transformar nuestro pasado. Tirando el "cadáver" de una fotografía, no nos liberamos de la emoción contenida ahí, así como no basta esconder la basura debajo de la alfombra, ayuda en algo, aunque no del todo.

6.9.- CURANDEROS, TRANCE, TRAMPA, ¿TRANS-CURACIONES?

"Tal como me decía un joven al que un curandero había restituido casi
instantáneamente la capacidad de caminar sin muletas: „

*Las "curaciones" de brujos y chamanes suelen ser temporales e inestables
porque dependen de factores externos al enfermo.*

He tenido la oportunidad de asistir a sesiones espiritistas, sesiones de cartomancia, he ido con curanderos diversos y he conocido dos chamanes. De todos ellos, la mitad han sido charlatanes y tramposos, otros me llegaron a decir o predecir datos de mi vida que resultaron ciertos, aunque de manera general, y que yo podría decir que los acomodé a mi interpretación. El más burdo fue un "adivino" cartomántico que me dijo que yo era un alcohólico y que mi vida estaba hecha pedazos por el alcohol, y todo porque horas antes había bebido una cerveza, y problemas de alcoholismo pues no. La tercera parte de los que he podido contactar merecen el calificativo de curanderos o chamanes.

Un alto número de curaciones se dan en estado de trance, de hecho un gran número de rituales lo persiguen induciéndolo mediante técnicas muy variadas:
Toques rítmicos de tambor, danzas, posturas, movimientos, recitaciones y oraciones, inducciones hipnóticas, utilización de drogas, son técnicas que persiguen alcanzar el trance como estado alternativo de la conciencia; porque en éste la sugestión está muy aumentada.
La sugestión es un acto de inducción y persuasión de una idea hasta que ésta es tomada por cierta.

Si bien el trance no está siempre presente, la sugestión si lo está, en mayor o menor grado. En todo ritual, incluyendo las consultas de algunos líderes religiosos, médicos, consteladores y terapeutas, las palabras, los gestos, los hechos y objetos son un condensado simbólico que evocan códigos, representaciones y creencias compartidas, actuando como potentes refuerzos de la fe propiciando la curación.

El trance actúa como instrumento de curación en multitud de encuadres terapéuticos tanto en psicoterapia como en la medicina tradicional. Este estado de absorción experiencial facilita determinados procesos psicofisiológicos que llevan a la mejoría de diversos trastornos. Esta alteridad se manifiesta a veces de modo explícito en los rituales curativos. El ruido suele ser uno de estos signos de trance; se trata de ruidos inarticulados que simbolizan el mal o la expulsión del mismo, como, por ejemplo, los soplos, los eructos o las oraciones o frases de palabras ininteligibles.

Los rituales curativos de algunas sectas tienen este mismo proceder. El ritmo, reiterativo y monótono, un elemento que en muchas ocasiones es utilizado en los procesos de inducción a estados no ordinarios de conciencia, se halla muy presente, producido tanto con la recitación de oraciones como con un instrumento musical o las canciones. El rezar, cantar, la posición de las manos durante la oración, todo ello puede actuar simultáneamente como ritual y estrategias de auto y hetero inducción. La frontera se encontraría en el resultado, en si se produce ese cambio, aunque sea mínimo, en el estado de conciencia.

Uno de los grandes problemas que encontramos en el curanderismo es lo indefinido de sus acciones, lo poco cuantificable de sus resultados, la poca objetividad que poseen sus pacientes y lo muy atípico de sus efectos y consecuencias, donde se encuentran fracasos (de los que no se hablan) y curaciones asombrosas (que todos alaban). La relatividad de esta situación, junto con la variada personalidad de los curanderos (que van desde la gente sencilla hasta los personajes de dudoso equilibrio mental, y eso dejando a un lado los muchos farsantes y embaucadores), hace que el tema se vea como una mancha borrosa difuminada por la bruma en un día nublado.

Y además tendríamos, por supuesto, la dependencia que genera el consultante con el curandero, porque éste no le enseña a pescar, solamente le da el pescado.

Salvador Freixedo, quien al hacer un juicio sobre este tema señala 15 puntos como conclusión después de muchos años de estudiar el tema y vivir experiencias con curanderos:
1.-Todos tenemos capacidad de curarnos a nosotros mismos y a otros, al igual que todos tenemos la capacidad de nadar; pero únicamente llegarán a nadar los que desarrollen esta capacidad.
2.-Indudablemente hay personas que tienen esa capacidad de curar en mayor grado que otras, y algunas nacen ya con esa capacidad muy desarrollada.
3.-Se dan curaciones reales e inexplicables para la ciencia médica.
4.-Algunas de esas curaciones son totalmente increíbles, por las circunstancias en que están hechas y por lo difícil de la situación.
5.-Estas curaciones no pueden ser enjuiciadas por las normas que rigen en la medicina ya que están hechas conforme a leyes totalmente diferentes (desconocidas por la medicina universitaria y desconocidas incluso por los mismos que la practican).
6.-Los curanderos no siempre curan.
7.-Un elevado porcentaje de sus intervenciones no tienen resultado positivo.
8.-Frecuentemente sus intervenciones sólo obtienen resultados temporales, volviendo finalmente el enfermo al mismo estado inicial. (Sin embargo, incluso en muchos de estos casos hay que admitir que hubo un hecho paranormal).
9.-Hay grandes diferencias entre los diversos curanderos: diferencias en sus motivaciones, en sus métodos, en las energías o leyes que manejan y en sus resultados.
10.-Hay que admitir la existencia de muchos curanderos cuyo móvil principal –si no único- es el dinero.
11.-Uno tiene que informarse bien a la hora de decidirse a ir a ver un curandero.
12.-Deben evitarse los curanderos que cobran grandes cantidades de dinero, por mucha fama que tengan y aunque prometan hacer grandes curaciones.
13.-Los que no cobran (o cobran cantidades módicas) tienen muchas más probabilidades de que sean auténticos.
14.-Hay una gran cantidad de personas, ante cuyas dolencias la medicina oficial no había podido hacer nada y hasta las había desahuciado, que han recobrado totalmente la salud o se han mejorado notablemente debido a la intervención de un curandero.
15.-En todas las religiones y en todas las sectas –por absurdas que sean sus creencias- se han dado y se siguen dando curaciones paranormales que desafían toda explicación médica. Por supuesto, los fieles de cada religión o secta las atribuyen a diferentes causas y personajes sagrados, de acuerdo con sus creencias. Pero la causa profunda es la misma que actúa en los curanderos no religiosos y que cobran.

Un alcohólico anónimo me contaba que, en su niñez, su madre le untaba cariñosamente petróleo a él y a sus hermanos, aseguraba que eso les curaría cualquier dolor, lo cual así sucedía. Ya siendo adulto, preguntó a su madre qué tenía ese petróleo que les llegó a curar cualquier dolor, su madre le contestó que como no tenía dinero para medicamentos contra el dolor, le funcionaba decirle (sugestionarlo) que el petróleo le quitaría el dolor (más el afecto materno al untarle y acariciarle la zona dolorosa).

En mi conclusión, hay que volver a la frase que inicia este tema También, hay que aprender de los secretos de los curanderos, por ejemplo, Alejandro Jodorowsky creó la Psicomagia y el Psicochamanismo, basado en sus experiencias con curanderos y chamanes. Y hay que abrirnos a posibilidades aún no comprendidas ni medidas por el ser humano.

6.10.- NIÑ@S HIPERACTIV@S CON/SIN DESATENCIÓN

En mi artículo divulgativo del 2014: *"Niñ@s hiperactivos con/sin desatención"*, publicado en mi Blog, mencionaba el caso de mi hijo Max y las alternativas de tratamiento que le funcionaron (en aquél caso me ayudó una colega con PNL y yo colaboré con mis técnicas), tratándose fundamentalmente de un diagnóstico de dislexia, con canal de aprendizaje kinestésico, lo cual en su momento algunas profesoras confundieron con hiperactividad y desatención.

En la primera mitad del año 2019, a un nieto lo estoy llevando con unas colegas donde le facilitan tratamiento con terapia cognitivo-conductual (actividades de Sandplay, lenguaje, coordinación, atención, seguimiento de instrucciones, etc.), además de que también lo llevamos a tratamiento con Flores de Bach, y yo contribuyo facilitándole ejercicios de Brain Gym. Y esta combinación está dando buenos resultados preliminares. Sin embargo, hay que tener en cuenta que este transtorno señalado suele ser crónico, aunque se le puede manejar con tratamiento multidisciplinario, por ejemplo, desde la nutrición se ha enfatizado que a este tipo de niños no es conveniente darles alimentos que contengan chocolate (dulces de este tipo, chocomilk, panes con chocolate, chocolate líquido o en barras), cafeína (café, refrescos de cola) y azúcar (refrescos, dulces, jugos, pastelitos, papitas y frituras). En la revista médica The Lancet, sugiere que los aditivos químicos que se encuentran en los alimentos envasados, golosinas y bebidas incrementan en los niños la conducta impulsiva y la dificultad para concentrarse, especialmente en la lectura. Con el consumo de colorantes, saborizantes, conservantes y aromatizantes artificiales, los niveles de hiperactividad en todos los niños (no sólo en aquellos ya diagnosticados TDAH) aumentan. Dentro de la dieta recomendada para los niños hiperactivos se recomiendan suplementos alimenticios como: DHA, Omegas 3, 6 y 9, y vitaminas para niños.

Antes se consideraba a la hiperactividad como el principal componente de este transtorno, la cual sí disminuye notoriamente a partir de la adolescencia, sin embargo, la desatención continúa a lo largo de la vida, y a esto apenas se le está dando la importancia que merece, ya que como adultos tendrán problemas para aprender cosas nuevas, realizar actividades cotidianas como manejar máquinas, concentrarse o prestar atención a otras personas, lo cual incluso se asocia con transtornos psiquiátricos o conductas parasociales (drogadicción, por ejemplo) y antisociales (delitos).

Las causas más probables de este trastorno parecen ser:
1.-Nacimientos prematuros, lesiones cerebrales de distinto tipo o anomalías en el desarrollo del cerebro (traumatismos, exposición fetal al alcohol, al tabaco, exposición temprana a niveles elevados de plomo o colorantes, etc.).
En la técnica Rebirthing (Renacimiento) se considera que los niños nacidos prematuramente (antes de los 9 meses de gestación) padecen una obsesión neurótica con el tiempo, por lo que sus relaciones con los demás suelen ser difíciles, ya que los otros les parecen lentos. La

sensación de vivir con el tiempo justo o prestado hace que desde el primer momento de vida se active en ellos la urgencia de muerte, concibiendo la vida como una carrera hacia la muerte.
Su energía vital es exagerada, es probable que sean impacientes de mayores, a menudo se sienten retenidos y frenados por los demás, pensando —hago mal viniendo tan rápido, —la gente no está lista para mí-. Eran rápidos en el útero y por alguna razón se les detuvo, lo que los suele llevar a pensar —no me dejan ir a mi ritmo— los demás detienen mi fuerza. Es probable que se sientan culpables de meter prisa a los demás, y a menudo querrán todo de inmediato.

2.-Actividad disminuida en determinadas regiones cerebrales como el lóbulo frontal, como resultado de un desequilibrio o deficiencia en ciertos neurotransmisores (dopamina y noradrenalina) o sustancias químicas que ayudan al cerebro a regular la conducta.

3. -Herencia.
La evidencia científica ha demostrado que los hijos de padres con un TDAH tienen hasta un 50% de probabilidades de sufrir el mismo problema. Además, los estudios con los gemelos siguen la misma línea: si uno de los gemelos tiene síntomas del TDAH, el riesgo de que el hermano tenga el trastorno está entre el 80% y el 90%. En un estudio internacional sobre la relación genética entre cinco Transtornos psiquiátricos, publicado en la revista *Nature Genetics* en agosto de 2013. Ramos-Quiroga, explica que desde hace 40 años se sabe, por ejemplo, que el 75% de los casos de TDAH son genéticos, y el 25% restante ambientales, también llamados disparadores, como traumas o consumo de drogas. En el estudio participaron más de 300 investigadores, 250 instituciones y 75,000 individuos. En esa investigación observaron que, dentro de la carga genética relacionada con el TDAH, la heredabilidad asociada a polimorfismos de un único nucleótido (SNP) en los pacientes es del 28%, es decir, del total de la carga genética de esa enfermedad, el porcentaje descubierto se debe a (SNP) de la cadena de ADN.

4. -Factores psicosociales.
Disfunciones familiares, falta de límites y de reglas disciplinarias, estrés y ansiedad en el seno familiar.

5.-Factores Transgeneracionales.
En Psicogenealogía, Biodescodificación y Constelaciones Familiares será importante buscar:
-Asuntos de violencia o asesinatos no resueltos en la historia familiar de uno o de ambos padres.
-Abortos voluntarios.
-Exclusión de un muerto o varios (a través de usurparle el nombre o falta de honra).
Respecto a los niños hiperactivos, asegura Bert Hellinger: no quiero mucha información acerca del niño, el problema jamás está en el niño, yo miro en otra dirección, ¿qué ocurrió con sus hermanos, padres y abuelos?.
Según Salomon Sellam, hay que buscar yacientes o memorias de incestos.

6.-Diagnóstico equivocado. Es probable que lo que alguien o algunos consideren hiperactividad con / sin desatención, en realidad sea otro u otros transtornos, como predominancia del canal kinestésico, la depresión, la falta del sueño, las dificultades de aprendizaje, los trastornos de tics y los problemas de comportamiento, ansiedad, impulsividad y disociabilidad, que se pueden confundir con o aparecer junto con el TDAH.
La terapia EMDR no curará T.D.A.H. con origen biológico, afirma su creadora, la Dra. Francine Shapiro en una entrevista concedida al periódico New York Times en abril de 2012. Agrega que: *"—sin embargo, algunas veces los diagnostican erróneamente con T.D.A.H., pero el problema es*

realmente causado por recuerdos no procesados que producen síntomas que imitan aquellos de T.D.A.H. Por ejemplo, la inhabilidad para concentrarse, ansiedad, poca atención, hiperactivación, nerviosismo, impulsividad y conductas impulsivas (acting out) también pueden ser síntomas de un evento traumático u otras —experiencias de vida adversas. De igual manera, un clínico capacitado en el uso de terapia E.M.D.R. debe de ser capaz de ayudar a determinar si se tratan de experiencias perturbadoras no procesadas. Estas experiencias pueden ser factores causales o contribuyentes".

Adicionalmente, aquellas personas que han sido diagnosticados correctamente con T.D.A.H. están expuestas a una variedad de experiencias que agravan el problema. Esto incluye experiencias de fracaso en el colegio, rechazos, humillaciones y otros tipos de interacciones causadas por falta de atención, sobreactividad y déficits de control de impulsos que caracterizan este trastorno de conducta.

La terapeuta Gestalt Violet Oaklander, menciona que en su experiencia con niños hiperactivos con o sin desatención le ha sido útil la musicoterapia, carpintería sencilla, las experiencias táctiles como el masaje, actividades con arena, arcilla, agua, pintura con pinceles, dactilopintura, plastilina, dibujos; ejercicios de respiración y relajación; además de que se les escuche atentamente, se les enseñe a expresar sus sentimientos y a reforzarles sus elecciones adecuadas.

Según la PNL (Programación Neurolingüística) tenemos tres canales de comunicación: el visual, el auditivo y el kinestésico, predominando uno o dos de ellos en cada persona. Las personas cuyo canal de comunicación predominante es el kinestésico suelen ser confundidos o asociados al transtorno de hiperactividad con/sin desatención. Estas personas prestan atención a las sensaciones incluyendo olores y sabores, necesitan contacto físico, hablan con ritmo lento y voz profunda, se tocan a sí mismos o a otros, su respiración es abdominal, marcan ritmos con los pies y las manos, aprenden con el movimiento, por lo que siempre está moviéndose, explorando, tocando y oliendo los lugares y cosas, les aburren las clases escolares y en ocasiones se sienten fracasados.

El alumno kinestésico es un problema para el sistema educativo, porque la gran mayoría de alumnos reprobados es porque predominan en ellos el canal kinestésico. A este tipo de niños hay que hablarles en lenguaje kinestésico, es decir, con palabras que les remitan a sensaciones, olores y sabores, o experimentando un juego, un experimento, un ejercicio o una manualidad, y se les dificultará aprender si les hablan con palabras, sonidos e imágenes. Los profesores tendrían que entender que es difícil que un niño kinestésico permanezca totalmente quieto o sentado durante toda la clase.

En su libro *'Use su Cabeza para Variar. Sub-modalidades en Programación Neurolingüística'*, Richard Bandler, cofundador de la PNL, menciona estar en contra de que a los niños hiperactivos les receten la droga Ritalín, que lentifica a los niños y acelera a los adultos, con efectos similares a las anfetaminas. Comenta que los psiquiatras casi nunca recetan medicamentos psicoactivos a sus colegas cuando éstos caen enfermos, y que sería interesante investigar cuántos de los profesores se atreverían a ingerir el medicamento Ritalín —tan inofensivo-.

En Manzanillo, Colima, el Programa que la Master en PNL avanzada Ma. Natividad Santana Ochoa denominaba (ya se retiró de la terapia) *Taller con Programación Neurolingüística para*

Niños, que utilizó, mejoró y revisó durante varios años, consistía básicamente en 15 sesiones de 2 horas cada una, conteniendo un cuento, un mandala estructurado para pintar, una reflexión, un valor moral a trabajar, un ejercicio de gimnasia cerebral, afirmaciones positivas relacionadas con déficits o conflictos encontrados en el niño, musicoterapia elegida y que se proyecta como fondo musical durante la sesión, también, usa algunos ejercicios como integración cerebral derecha-izquierda con dibujos y movimientos. De hecho, ella colaboró para que, junto con lo que yo aporté, mejorara significativamente mi hijo Max, de quien hablé al principio. Mi hijo Maximiliano ha tenido complicaciones para aprender, para adquirir disciplina y para que su maestra lo entienda a fondo, él se caracteriza por ser distraído, inquieto, aislado, incansable, explorador, indisciplinado, irreverente, desobediente, no se alimenta bien, fue bebé prematuro que nació al octavo mes de embarazo y con el cordón umbilical enredado en su pie izquierdo, su padre (yo) provengo de una familia donde quien me antecedió y quien nació después murieron (uno en aborto espontáneo a los 2 ó 3 meses de embarazo, y la otra a los pocos días de nacida), además de que un hermano de mi padre murió a los 6 años de edad, y de lo cual él se ha sentido culpable buena parte de su vida.

Le facilité ejercicios de gimnasia cerebral, tapping EFT, música de estimulación bilateral, reforzamiento de conductas adecuadas con ganancia de monedas, costo de respuesta (respuestas inadecuadas le costaban que le quitara la posibilidad de ver televisión, computadora o algún juguete). Por lo que fue necesario canalizarlo a la Maestra Natividad Santana, Licda. Master y Terapeuta en PNL Avanzada, avalada por John Grinder y Richard Bandler. Con todo lo anterior, aunque más con ella, el niño ha mostrado avances rápidos, sintiéndose más confiado, respetado, disciplinado y libre después de 9 sesiones, algunas grupales y otras individuales.

Según Bert Hellinger, desde el enfoque de las Constelaciones familiares hay que reconocer y honrar a los hijos que nacieron muertos o a los abortos voluntarios (afirma que no los abortos espontáneos no cuentan), hay que ponerles una lápida en alguna parte, algo conmemorativo, también tienen que ponerles un nombre, el cual no deberá repetirse en los hermanos posteriores, porque de hacerlo se le estaría excluyendo otra vez, y el hijo posterior que lleve su mismo nombre puede adoptar su destino y sentimientos, por el enredo sistémico, y no podría desarrollar su propia identidad, estando su yo inquieto y sin reposo, es decir, hiperactivo y/o distraído. Además, al reconocer a un hijo muerto o aborto voluntario se tiene que reordenar la posición de los hijos.

Dice Hellinger: "*Algunos especialistas en materia espiritual hablan en estos casos de una encarnación no consumada; debido a que sólo percibía su cuerpo parcialmente, no podía controlar sus movimientos, con carencia de conciencia de su Yo. Existen múltiples causas para la hiperactividad, la más frecuente es la formación deficiente del sistema motriz del bebé, perjudicando el nacimiento prematuro por cesárea o la estadía en incubadora. Por lo general, este sistema se empieza a formar en el vientre de la madre, continúa en el rebozo o la cobija en que se cargue al recién nacido pegado al cuerpo de la madre y que restringe de manera beneficiosa los movimientos incontrolados del niño. Posteriormente, estos movimientos serán armonizados y coordinados mediante los movimientos rítmicos de la madre o de la cuna o de la hamaca en que duerma el niño. En bebés un poco más grandes, el regazo de la madre o un rincón de juegos bien delimitado (por ejemplo, un corral) funciona muy bien para inhibir el impulso de movimientos excesivos, que producen estrés. Si no se le da al niño el apoyo suficiente para desarrollar su concentración y atención y de experimentar fases sucesivas de actividad y descanso, se verá rebasado por estímulos desordenados. Estas experiencias pueden grabarse en forma de disfunciones cerebrales en su joven y maleable cerebro. Pero tales disfunciones pueden ser también congénitas".*

Así mismo, resultan determinantes los estados de miedo y angustia sufridos por la madre, porque su intranquilidad le es transmitida al niño. Incluso, Hellinger, sugiere que en algunos casos es aconsejable la terapia de contención (con renacimiento incluido), y terapias de aprendizaje y motricidad, porque no todo son problemas emocionales.

Los ejercicios de Gimnasia Cerebral (Brian Gym) que le ayudan a este tipo de niños con TDA/H son los siguientes: *la cobra, doble garabato, gancho de Cook, la X, respiración abdominal, marcha cruzada en el suelo, la mecedora, giros del cuello, marcha cruzada, sombrero de pensar, botones de equilibrio, botones de tierra, toma a tierra, agua, el búho, flexión de pie, balanceo de gravedad, bombeo de pantorrilla, y el elefante*, o sea, la gran mayoría del catálogo de ejercicios que descubrieron los Dennison.

El autor de este libro opina que en un principio se opte por métodos naturales, alternativos o que no impliquen riesgos para los niños, es decir, no sugiero el medicamento controlado, por lo menos no como primera opción, sino que éste sería la última opción, por las consecuencias nefastas de efectos secundarios y adictivos.

6.11- SOBRE EL EFECTO LEOPI

Leonel Castellanos, mejor conocido como "Leopi", aunque no es psicoterapeuta, se ha preparado en PNL e Hipnosis con el reconocido experto Gabriel Guerrero. Lo que Leopi ha aprendido lo promueve para que las personas logren mejores relaciones: sociales, amorosas o sexuales. Dentro de lo que comparte, algo muy interesante es que, en la fase diagnóstica o de interrogatorio inicial, se le puede pedir a una persona (cliente, consultante, objetivo amoroso, etc.) que narre la mejor experiencia que ha tenido con algo (cierto producto específico, su mejor novio, una experiencia de éxito, etc.), y entonces nosotros tendremos que ser excelentes observadores para detectar sus claves de accesos oculares (hacia qué lado mira y a qué altura). Lo mismo aplicaría cuando narrara una experiencia negativa, hay que detectar cuáles son sus claves de accesos oculares ¿Para qué es importante saber esto? Para que al momento que el otro está emocionado al recordar una experiencia positiva (lo checas en sus miradas, tono de voz, tono de rostro, sonrisas) se le puede anclar con un toque (en hombro, espalda, mano, rodilla o brazo), con algo auditivo (una palabra que digas, un ruidito que hagas como carraspeo, etc.), o un movimiento deliberado que hagas con el pie o con la mano.

Para que después, al momento de querer instalar algo positivo (imagen, frase, creencia) o cerrar una venta, sepamos a qué lado y altura de sus miradas debamos estar y disparar el ancla (una o varias establecidas previamente) para afianzar la instalación de lo positivo. Y si se sabe en qué lado guarda experiencias negativas el consultante, entonces hacia ese espacio podemos enfocar diferentes técnicas como extraerle creencias negativas, facilitarle movimientos oculares bilaterales, Brainspotting, entre otras.

Un ejemplo, cuando mi hijo me habló de sus miedos e inseguridades adquiridos por recibir bullying en una escuela, tener terror por ver algunas películas y videos violentos, aparte de imaginaciones suyas, en la casi totalidad de las ocasiones miraba hacia abajo a su derecha, lo que en PNL significa que accesaba a sus sentimientos y a lo cenestésico. Le facilité estimulaciones bilaterales (se hizo tapping en rodillas y abrazo mariposa) además de que realizó movimientos oculares

bilaterales. Después, me di cuenta de que sus experiencias positivas las guardaba en su lado izquierdo, a baja y media altura, por lo que anclé una palabra mientras me platicaba logros, para finalmente instalarle una imagen positiva mientras trabajamos en su lado izquierdo.
Igual de importante es la clave espacial de acceso ocular donde ubica la persona su pasado, el presente y el futuro (su línea de tiempo). La mayoría de la gente lo hace en izquierda, centro y derecha, sin embargo, otras personas no lo hacen así, por eso conviene saber cómo fluye la línea de tiempo del consultante.

6.12.- RENACIMIENTO

Compartiré un tema del que hay relativamente poca información, o más bien no está al alcance de cualquiera. Se trata del Rebirthing (Renacimiento) y una de sus variantes, la Palingénesis.

Según Leonard Orr, el agua tibia estimula los recuerdos intrauterinos y nos lleva a un estado profundo de relajación. Él mismo rememoró el trauma de su nacimiento mientras intentaba salir de una bañera, en el año 1962. A partir de ese momento repitió conscientemente muchas otras *"experiencias de bañera"*, como él las llama. Así es como nació el Rebirthing (Renacimiento), la terapia que nos permite superar los bloqueos de la vida prenatal. La forma de respirar que enseña Leonard Orr es similar al Pranayama, la respiración del Hatha Yoga.

En el Rebirthing de Orr hay sesiones en seco y sesiones en agua. Según Jim Leonard el objetivo del Renacimiento es la integración. La integración como proceso por el cual se logra que algo desagradable y desconocido de la persona se convierta en algo maravilloso de su conciencia normal. Según esta visión la integración es el opuesto a la represión.
Según Leonard Orr y Sondra Ray hay 8 causas principales de la negatividad en la vida de las personas (llamados los 8 grandes traumas). Estas se pueden tratar con la técnica de Renacimiento. Son las siguientes: 1) El trauma de nacimiento, 2) El trauma de la escuela, 3) El síndrome de desaprobación parental, 4) Los negativos específicos – La mentira personal, 5) El trauma de la religión, 6) La urgencia inconsciente de muerte, 7) La senilidad, y 8) Las vidas pasadas.

La Palingénesis, una variante del Rebirthing, valiéndose de métodos similares o incluso alternativos, también busca que la persona renazca para superar algunos traumas de nacimiento. La PALINGÉNESIS es una poderosa herramienta psicoterapéutica basada en el manejo consciente de la respiración humana y la bioenergética del cuerpo; es una técnica que *induce estados de conciencia ampliados* para trabajar profunda e intensamente los recuerdos, las emociones, los sentimientos, los patrones de comportamiento y la reestructuración "sana" de estos. Palingénesis significa: *"volver al origen, respiración o aliento primero"*, toma su nombre de una de las manifestaciones más recurrentes en el manejo de esta estrategia: la *experiencia de renacimiento*, de recordar verdaderamente información de nuestra estancia dentro del seno de mamá.

*En un taller de Palingénesis que recibí en INTEGRO Gestalt (Guadalajara, Jalisco, México, en el año 2008) fue así:
-Se mencionó que antes y después de la inducción y de la palingénesis hay que comer ligero, sin carnes o grasas.
-15 minutos de bienvenida y rapport.
-Revisión teórica de los fundamentos del Rebirthing (2 horas)

-Ejercicio: escribir 5 mentiras personales. Luego, transformar esas 5 mentiras en leyes eternas (afirmaciones).
-Elegir una persona que me acompañará en el ejercicio de renacimiento.
-Se dan instrucciones a ambos (quien renacerá y quien lo acompañará).
-Música relajante, respirando normalmente (20 minutos).
-Música relajante de fondo, con respiración nasal en inspiración y exhalación del paciente, sin retención de aire.
-Asistir al paciente (el que más tarde renacerá). Motivarlo a que suelte su fuerza y se libere de cualquier atadura u obstáculo, a través de golpes en cojines con manos o pies, gritos, escupir o vomitar.
-Cuando haya logrado la estabilización, entonces seguirá con su respiración nasal y se moverá para transitar las paredes del útero (poner cojines adelante y entre las piernas de alguien). Aquí tomarse el tiempo necesario, hasta que lo logre
-Una vez logrado lo anterior, el acompañante abrazará al renacido, pegándolo hacia su corazón, mientras le dice palabras de bienvenida, inspiradas con amor, aceptación y confianza.
-Todavía abrazados, el acompañante le lee al renacido sus 5 afirmaciones.
-El acompañante se despide del renacido, recordando que el renacido no puede hablar.
-Ambos descansan.
-30 minutos después, ambos se incorporan lentamente y bailan al ritmo propio la canción "Color Esperanza" (cantado por Diego Torres), luego, a ritmo de tambores ir bailando o actuando como si fuera creciendo al tener diferentes
edades: 2, 5, 10, 15, 20, 25… hasta llegar a su edad actual.
-Descansar 30 minutos.
-10 minutos de retroalimentación, entre ambos participantes, sentados frente a frente.
-Pusieron 2 canciones de Andrea Bocelli, mientras ambos participantes se miran a los ojos.
-El renacido agradece a su acompañante, y si le nace abrazarlo pues adelante.
-Todas las parejas del grupo terapéutico se integran abrazados en rueda y mencionan uno a uno en pocas palabras cómo se sienten en este momento.
-Finalmente, retroalimentación grupal y terapia a quien necesite por haber quedado abierto o enganchado, para complementar su labor.

*En terapia de palingénesis llevada a cabo por un Maestro a un alumno en una clase de INTEGRO, sucedió lo siguiente:
-Un alumno, que desea trabajar lo que trae, empieza a comentar que desde niño se sintió menospreciado por sus hermanos. Empieza a tener problemas en su respiración y no puede continuar con su historia.
-El Maestro, colocado al lado derecho del alumno, le impone una mano en su plexo solar, luego la baja a su Hara (punto energético 3 ó 4 centímetros abajo del ombligo) y de ahí la sube a su corazón, entonces baja la mano al plexo solar y luego al Hara; la reacción del alumno es de que su respiración vuelve a la normalidad y puede seguir contando su problema.
-El Maestro le dice: ve doblando tus rodillas y te hincas…, luego baja la cabeza hasta tocar con esta el piso, con las manos hacia adelante. Es momento en que el Maestro impone sus manos en la columna vertebral y le comenta: déjalo que salga y se intensifique.
-El alumno reacciona llorando, y el Maestro le pregunta: ¿Qué sientes, de qué te estás acordando? Responde el alumno que se siente abandonado, entonces el Maestro lo cuestiona:
¿Cómo es que sientes el abandono? ¿De qué manera tú viviste esa infancia de abandono? Responde el alumno que nació por cesárea, en un parto difícil, que sus hermanos no lo querían.
-El Maestro mueve al alumno a una postura en que éste queda acostado de su lado derecho,

luego le acaricia el corazón (para simular el contacto materno) luego le toca la cabeza, el brazo izquierdo, la columna vertebral y la mano izquierda.
-Coloca al alumno en posición fetal.
-Coloca a un varón (del grupo) a que proteja al "feto" en su espalda. Luego coloca a otro por el lado de las piernas del "feto".
-El Maestro hace 5 segundos de respiración similar a la holotrópica (hiperventilada por la boca) para que escuche el "feto".
-Coloca otros dos varones que se entrelazan formando un túnel que simulará el útero por donde saldrá el feto.
-El feto lucha por salir y abrirse paso. El Maestro lo motiva a que salga, que vale la pena a pesar del peligro. Al fin se libera.
-Se coloca a una mujer (elegida entre el grupo) que representando a su madre lo abraza y le habla dándole la bienvenida, con amor, aceptación y confianza.
-Llega su padre y hermanos (elegidos entre el grupo), que también lo abrazan y le hablan dándole la bienvenida, con amor, aceptación y confianza.
-Entonces lo dejan descansar en la "cuna" (de cojines). El Maestro aquí lo acaricia en el corazón, plexo solar y el hara, además de también hablarle en esta bienvenida.

Nota: participaron más hombres como ayudantes porque al alumno le faltó la figura masculina del padre y de sus hermanos. Comentó el Maestro que los que nacen por cesárea les cuesta trabajo iniciar un proyecto y son inseguros, por lo que ocupan terapia de palingénesis en varias ocasiones.

Como se dan cuenta, el Rebirthing y la Palingénesis, requieren mucha experiencia terapéutica y entrenamiento. No es tan sencillo como parece. Yo hasta el momento no me he aventurado a facilitar terapia en este terreno.

Por otra parte, como menciona Cristóbal Jodorowsky en una entrevista, los cenotes y los temazcales también pueden usarse para renacimiento, haciendo un ritual para eliminar egos y salir a la luz de esas representaciones de vientres maternos o incluso universales, si se les ve de una manera más amplificada.

Agrega Cristóbal Jodorowsky que el renacimiento también se puede representar como un acto psicomágico en que una persona (o más) pueden facilitar que alguien renazca, cuidando evidentemente que sea en las mejores condiciones de amor, acompañamiento, motivación, etcétera, para que no se repitan las condiciones traumáticas o estresantes que llegó a tener esa persona.

Y sí, existen otros métodos que intentan reconfigurar los traumas del nacimiento, como la hipnosis y la biodescodificación, por ejemplo, en los que no profundizaremos en este momento.

6.13.- LOS 'SHOW MAN' DE LA HIPNOSIS

Lo recuerdo, era un chico de aproximadamente 17 años de edad. Se le notaba curioso, hizo lo que el hipnotizador *Taurus Do Brasil* mencionó al público durante los 30 ó 40 minutos de preparación, en que les lanzó sugestiones de relajación, que respirara solamente por la boca, y diferentes inducciones de que su cuerpo se empezaba a sentir pesado. Entonces, dijo que los que estuvieran dispuestos a participar en el escenario que se fueran levantando y serían guiados por otra persona que estuviera cerca. Ese muchacho fue de los que subió. Sin embargo, al estar arriba se dio cuenta que estaba algo consciente y no en las condiciones que quería Taurus, quien al acercarse a él le dijo que se retirara a su lugar entre el público.

Ese muchacho era yo, en el año 1990 en uno de los auditorios de la Casa de la Cultura de Colima. Por cierto, ese día salí en un estado que hoy podría llamar en trance, y cuando saludé a una compañera de bachillerato es como si hubiera visto a una diosa, sucedió mi primer "enamoramiento", traducido ahora como obsesión primeriza y confundida como enamoramiento, etcétera. Luego, me enteraría que el tal *Taurus Do Brasil* traía (falleció en 2009) todo un equipo para su espectáculo, incluidos "paleros" o personas contratadas que fingen estar hipnotizadas y darle sabor al show. Es lo que se llama Hipnosis Teatral.

En la década de 1990, si no me equivoco, empecé a ver al hipnotizador show man *Tony Kamo* en el programa 'Siempre en Domingo', conducido por Raúl Velasco. Impactaba a muchos porque se veía que con un simple chasquido de dedos o con una orden del propio Kamo caían "dormidos", es decir, hipnotizados. Más tarde, como estudioso de la Psicología y lo que había experimentado con *Taurus Do Brasil* comprendí que este tipo de hipnotizadores requieren preparar a sus sujetos elegidos durante 30 ó 40 minutos, y como parte del show, lo que se transmite en televisión hace creer a los telespectadores que no conocían ni habían tenido contacto previo con esos participantes, con la complicidad de los productores y conductores, obviamente. En una entrevista concedida al programa 'Palabra', Tony Kamo revela casi al final de la entrevista que: "*El 95% de las personas que aparecen en los programas de televisión requieren una prehipnosis, la cual se hace antes y que sé que la graban, aunque no aparezca en el programa*". Por su parte, el hipnotizador show man John Milton (2017) comenta con seriedad que en sus shows usa una técnica llamada Biohipnosis, basada y refinada de la que usaba Taurus Do Brasil, y que entre sus elementos más importantes contiene una respiración holotrópica, lo que contribuye a una gran hipersugestionabilidad al momento y para ocasiones subsecuentes, además de que una parte de su nombre artístico (Milton) lo eligió porque admira al hipnoterapeuta Milton Erickson.

En fin, los show man utilizan una mezcla de técnica hipnótica, entretenimiento y mentalismo. No tienen "poderes" especiales, no son videntes, se valen también de algunos "trucos" conocidos por los hipnoterapeutas y hasta por los ilusionistas (mentalistas). Yo prefiero recurrir a Milton Erickson, Richard Bandler y otros más.

6.14.- LA INFLUENCIA DE RIUS

'He dedicado mi trabajo de toda la vida a tratar no de educar,
sino de crear un poco de conciencia en las personas.
Los resultados cada uno los puede definir.
Los grandes filósofos son muy serios;
a veces cuesta trabajo entender todo lo que exponen o dicen.
En cambio, el humor es lo que hace reír a la gente,
y eso le da mucha envidia a los filósofos,
similar a lo que ocurre con los pintores hacia los caricaturistas".
Rius

Eduardo del Río (1934-2017), autodidacta dibujante de monos que escribió más de 110 libros (de política, filosofía, naturismo, religión, entre otros temas), colaboró en un sinnúmero de revistas (Los Supermachos, Los Agachados, El Chahuistle, El Chamuco, Los Hijos del Averno, Proceso, entre otras), y sus caricaturas políticas también aparecieron en periódicos de circulación nacional, como La Jornada, y se dio a conocer con el alias de "Rius".

Parte fundamental de la biblioteca de mi padre, tuve el honor en mi adolescencia de leer muchos libros y revistas de Rius, al que considero un maestro lejano en lo físico y cercano en mi formación, de quien recibí una versión alternativa de la historia, la política y muchos temas más. De adulto me enteré y entendí lo que decía Carlos Monsiváis: "En México existen tres secretarías de educación: la SEP, Televisa y Rius".

En una ocasión que Rius visitó la ciudad de Colima, mi padre lo entrevistó, además de al final solicitarle un autógrafo para mí, lo cual hizo en un libro de su autoría: 'La Iglesia y otros cuentos', libro que me abrió los ojos a la parte oscura de la Iglesia Católica. Por cierto, esta Iglesia excomulgó a Rius cuando publicó su libro 'Manual del perfecto Ateo'. Y en esto no coincido con Rius, yo sí soy "Teo", creo en Dios, a pesar de los errores de todas las religiones; además no me considero marxista como Rius. Digo, no es obligación coincidir en todo con este autor.

Manejando la crítica social, la sátira, el sarcasmo a veces brutal, los datos duros, diálogos didácticos y para nada rebuscados, clara su postura política izquierdista y contra los sistemas imperantes (político, publicitario, alimenticio, televisivo, religioso, etcétera). Rius se constituyó en un líder de opinión para varias generaciones desde mediados de 1960, tanto para moneros como para el ciudadano de a pie, ya que las ventas de sus revistas y libros fueron masivas.

Rius nos deja una enorme biblioteca de monos con temas que muchos de ellos siguen vigentes (¡Después de 50 años!), sus caricaturas son para que nuestros niños interiores despierten conciencia, transiten al abrir los ojos, con ideologías desestructurantes, contundentes y pensantes para quien se atreva a entrar a esas historietas. Los ojos de Rius fueron cámaras que retrataron con humor negro la vida real, sobre todo sacaba a la luz y a la risa lo que había en las sombras de las fachadas que nos muestran en la escuela y en los medios institucionales.

Rius es un referente para mí y para muchas personas en cuanto a la educación, la ideología y la ruptura de creencias introyectadas y que no nos habíamos cuestionado a ese nivel, lo que provoca en algunos un shock y un parteaguas, un abrir su mente a algo más profundo que lo conocido. Sus monos irreverentes facilitan que dibujemos nuevos esquemas en nuestra mente, para siempre.

6.15.- MANDALAS, INTENCIONES Y NATURALEZA

Hay muchas maneras de usar un mandala en terapia. En mi caso, sugiero que para interpretar un mandala, podemos ayudarnos de las cualidades de lo coloreado: intensidad del color, tachaduras, borraduras, limpieza, organización, actitudes, postura corporal, capacidad de demora en la realización, tolerancia a la frustración, coherencia o combinación de los colores elegidos (abundan los libros o sitios de Internet que señalan los significados de los colores), lo proyectivo: con qué asocia ese mandala, qué sentimientos le transmite, qué parte o figura del mandala le llama más la atención, en qué parte del mandala tuvo la sensación de mayor calma.

Recuerdo que me impactó el Mandala de Intención creado por un grupo de participantes a cierto taller de 'Terapia de Contención', con la Sexoterapeuta Gestalt Rosy Reichel, al que asistí para nutrirme emocionalmente, donde al final de la sesión de cinco horas la facilitadora nos invitó a buscar objetos de la naturaleza circundante y luego colocarlos dentro del círculo humano creado, expresando cada participante una intención (por ejemplo: "por mi familia", "por el amor a la Naturaleza", "por mí mismo",..., "para seguir dándome cuenta de mis defectos y trabajarlos", "para ser un canal más eficaz con los que me pidan ayuda" ...), y luego, colocando uno de los objetos en el suelo, repitiéndose el ciclo ordenadamente y tantas veces como objetos se tengan. En este grupo colocaron ramas pequeñas, flores, raíces, piedras pequeñas, hojas secas de plantas, y tierra. Curiosamente, al final del acto sopló fuerte el viento y dispersó buena parte del mandala, comentando la facilitadora Rosy que esto suele pasarle cada vez que lo facilita, y que de hecho al final no se tiene que barrer el mandala formado, hay que dejar que sea el propio viento el que lo disperse.

Un mandala puede trabajarse en individual, uno para un grupo, o uno por cada miembro del grupo. La manera de trabajarlo puede ser el colorearlo (en revistas o libros con mandalas ya dibujados), el dibujarlo en hojas blancas o cuadriculadas de diversos tamaños, el formarlo con piezas de material diverso (fichas, tapas, madera, juguetes, piedras, revistas y objetos diversos) o hasta formarlos con objetos de la propia naturaleza donde se esté (flores, frutos, semillas, huesos, arena, hojas de plantas y árboles, tierra, agua, etcétera). ¿Y por qué no? hasta que el consultante forme un Mandala con sus objetos personales (llavero, monedas, reloj, pulsera, colguijo, fotografías, zapatos, etcétera).

Se trata de darle al mandala un sentido de espiral, en círculos concéntricos o agregarle creatividad en su construcción en la zona central y periférica. En Internet existen multitud de imágenes de mandalas con objetos. Desde mi particular punto de vista, veo como mandalas a las galaxias, los sistemas solares, algunos círculos de las cosechas que aparecen en Inglaterra, el calendario azteca, el samsara, entre otros ¿no se supone que el significado de mandala es un diagrama simbólico circular o espiral que evoluciona desde el centro?.

Colorear mandalas estructurados incluye la reflexión y el razonamiento del diseño del mandala, así como su coloreado, preferentemente con colores determinados, y es idóneo para compensar la hiperestimulación de la parte corporal derecha de quienes la tengan, o sea, de los que intelectualizan demasiado. Con estos mandalas se puede trabajar la contención en pacientes extremadamente impulsivos, que se desbordan con facilidad, con tendencias psicóticas o niños con hiperactividad y déficit de atención. Esta actividad ayudará a mejorar su percepción y concentración, coordinación visomotora, relajación, y con todo ello su capacidad de aprendizaje.

Se facilita que la persona descubra en el mandala qué está poniendo, figurando, proyectando. Paralelamente se prestan para descubrir qué contenidos del subconsciente están siendo revelados a medida que la persona dibuja o colorea.

Una forma extendida de hacer mandalas es llenando de color los que aparecen en blanco y negro en los libros para colorear mandalas. Sobre la forma de tal coloreado no hay consenso. Algunas personas aseguran que ha de pintarse de fuera hacia dentro y otros de adentro hacia afuera. Así mismo, otros defienden que debe hacerse según desee cada uno en ese momento. Considerando esto último, parece que la forma libre de coloreado está relacionada con nuestra tendencia centrífuga (hacia fuera), o centrípeta (hacia dentro) personal. Por éstas, entiendo la extroversión o introversión, la necesidad de recogimiento o expansión que sienta la persona.

La Master en PNL, Luz María Ibarra, es autora de tres libros que contienen mandalas estructurados (niveles 1, 2 y 3) en blanco y negro para colorear, que favorece la concentración y atención de niños hiperactivos con/sin desatención, además de ordenar ideas, estimular la creatividad y la sensibilidad, genera tranquilidad, confianza y seguridad en uno mismo, controla impulsos, disminuye el estrés, se ejerce libertad, estructura mejor los pensamientos, se integran los hemisferios cerebrales, surge equilibrio interno y ayuda a la interiorización.

Otros métodos para usar mandalas en terapia son: la contemplación/mindfulness/meditación con alguno de ellos. Observación de mandala combinado con tapping EFT o de algunos puntos energéticos.
Observación de mandala junto con respiración abdominal (diafragmática).
Observación de mandala junto con estimulaciones bilaterales en rodillas o con abrazo mariposa. Por último, podríamos preguntar al consultante: ¿En qué parte de tu cuerpo resuena este mandala? ¿Qué sensación corporal o emoción sientes con este mandala? ¿Este mandala te hace sentir cómodo o incómodo?

6.16.- SOBRE CÓMO TRATAR EL MONOLOGO INTERIOR NEGATIVO

De acuerdo con lo que Grand y Goldberg (2011) han encontrado en Brainspotting Deportivo:

1.-El monólogo interior negativo emana directamente de los instintos autoprotectores (de supervivencia) del trauma subyacente

2.-Siempre hay una intención positiva en dicho monólogo negativo. No hay que pelearse con la voz negativa, hay que aprender de ella, responderle curiosos, escuchando atentamente, a veces hay que callar la respuesta, a veces agradecer las sugerencias, serenos, respetuosos, sin insultos y ser más inteligentes que ella.

3.-El monólogo interior negativo está asociado a una parte de nosotros (subpersonalidad, ego, voz de una persona especial, o como le quieran llamar), hay que detectar de qué tipo es y qué sensación, emoción o sentimiento se encuentra ahí ligada.

4.-Asumir una postura de "escuchador externo", en atención plena (mindfulness) sin juzgar, criticar, ni luchar contra el monólogo interior negativo, que a final de cuentas es nuestro amigo inconsciente y traumatizado.

5.-Las batallas entre el monólogo interior positivo y el negativo se libran a un nivel profundo, y no son un conflicto entre el bien y el mal. En el nivel inconsciente, de lo que se trata es de mantenerse sano y salvo. De ahí que el monólogo interior positivo no sirva para contrarrestar el negativo, que emana del miedo. La parte instintiva autoprotectora hace oídos sordos a los ruegos o argumentos conscientes de la parte «positiva», porque lo único que le importa es sobrevivir.

6.- A quienes padecen RSPP (*Repetitive Sports Performance Problems*: Problemas de Rendimiento Deportivo Repetitivos). se les va una cantidad brutal de energía en este torbellino positivo-negativo. Independientemente del bando que «gane», el conflicto interno lleva al atleta al cerebro frontal consciente-pensante. Entonces el sobreanálisis le tensa los músculos y lo distrae de su intervención. La voz negativa siempre es más alta y persistente que la positiva, a la que acaba ahogando. Al deportista bloqueado, la voz negativa siempre le parece más conocida y verdadera que la positiva.

Es decir, no hay que combatir el monólogo interior negativo ni asesinar al ego o parte nuestra que emite ese monólogo, porque sería como darnos un balazo en el pie. Esto es muy importante tomarlo en cuenta cuando estemos tratando los roles, la integración de partes y los diálogos gestálticos.

6.17.- PELÍCULA "MI ENCUENTRO CONMIGO".

Durante mis primeras andanzas para intentar inscribirme a la Maestría de Terapia Gestalt en INTEGRO, busqué al Enlace que tenían en Colima, el cual me encargó mi primera tarea, la cual era hacer un reporte sobre esta película de Disney protagonizada por Bruce Willis. Mi reporte, del domingo 31 de julio de 2005 fue el siguiente:

Fue difícil conseguir la película, después de buscar en varios lugares por fin la encontré. Sospecho que tiene que ver con lo difícil que a veces es encontrarse a sí mismo.

La avioneta que empieza a molestar a Bruce Willis me recuerda inmediatamente el cuento de El Principito, que por cierto también ya vi en película. Ese Principito que todos llevamos dentro. Y que complementa a esta película por hacerme sentir lo que a veces he olvidado: mi niño interior.

Hay una toma que le hacen al personaje de Bruce Willis y se le notan unas tremendas ojeras, seguramente son causadas por trastornos de sueño derivados de agenda saturada de trabajo. He ahí un espejo en el que me reflejo.

La novia de Bruce le enseña lo maravilloso que es contemplar la luna llena en el horizonte y él desdeña el detalle. Olvidando que él cuando era niño brincaba y manifestaba curiosidades sobre el mismo astro. Se preguntaba por qué la luna se veía roja en el horizonte y azul en lo alto —cenit-. Juan Carlos, que soy yo, es poeta y aún se maravilla de la luna y de la astronomía, y es común que use los astros para incluirlos en sus poemas, me inspiro ahorita y me nace esto:

Luna de plata fría,
eh, pelota de roca impávida,
tú que eres anzuelo para los.enamorados
dejaré en ti mil banderas de vida
porque la luna es mía
y aún la reservo a mi esposa
para que la miel se mezcle con el amor y el sexo
en las primeras noches de luna llena de alegría.

Después de varios días de un alto nivel estrés Bruce vio por primera vez al niño que es él mismo, apareciendo escurridizo en su cochera. Entonces se asusta Bruce y llama al personal de sistema de alarmas. Es parte del afán de querer controlar todo, hasta el más mínimo detalle. Hola espejito.

Cree que está alucinando ver el niño. Y aquí entra la magia de la película. El niño se pone a platicar con Bruce, resulta que aquel está a punto de cumplir 8 años y el otro 40 años, habiendo una diferencia de 32 años, exactamente la edad que tiene el que está redactando esto, digo, a veces uno encuentra cada cosa con los números, pero soy de los que creen que no existen las casualidades, así que me gusta este dato numérico.

Bruce, miedoso, persigue al niño, y ya que se da cuenta que no representa peligro lo acepta pero obligado por las circunstancias, desdeñando la posibilidad de que se trate de él mismo, ya que a su mente excesivamente racional se le hace increíble que eso pudiera ser real, insistiendo en que es una alucinación. Huye del niño en vez de A alegrarse, reniega en vez de agradecer la oportunidad de verse a sí mismo —fuera real o no-. En este momento me llegan destellos de recuerdos de mi niñez. Más o menos a la edad de 8 años en que yo estaba en 3% de escolaridad primaria, era un niño hiperactivo, juguetón, estudioso, con enuresis nocturna, querido por su madre pero desatendido por su padre.

Bruce acepta que es él mismo, que se ha encontrado, quién sabe cómo, pero se avergüenza de sí mismo, intelectualiza constantemente, se observa mocoso, torpe, obeso e intenta corregirle esos detalles tal como acostumbra hacer con las personas o corporaciones a las que asesora en imagen. Sin embargo, a su novia le encanta el niño y desea que esa parte emerja en Bruce nuevamente.

En un tramo de la película el niño le dice a Bruce: "hay que cambiar"...
Después de estar expuesto al niño y de convivir con él Bruce se va sensibilizando y empieza a comprender a su niño, a ayudarlo, a a escucharlo, a aceptarlo tal como es y a explicarle lo que le sucederá a futuro.

Bruce y su niño se encuentran a sí mismos con su tercer yo que está representado por un hombre maduro de 70 años, con familia secundaria y aparentemente equilibrado emocionalmente que le comenta más o menos lo siguiente a Bruce."me alegra que aceptes al niño, tienes 30 años para cambiar y madurarlo, yo fui el que te puso el niño y el avioncito". El señor de 70 años había cumplido su deseo infantil de ser piloto, porque el niño quería ser piloto pero las circunstancias de la vida lo llevarían en su edad adulta a trabajar durante varios años como asesor de imagen.

Bruce cambia radicalmente su comportamiento con sus empleados y compañeros de trabajo. Todos estos cambios los percibe su novia quien se había alejado de él, pero al ser visitada por este lo recibe con la gran esperanza que por fin serán felices, se casarán y formarán una familia, esa que iba en la avioneta del hombre de 70 años. Al final de la película sale un escrito que explica que la luna llena se ve roja en el horizonte porque la cercanía de la luna hace que alcance a llegar la luz de dicho color que hay en la atmósfera de nuestro planeta. Y que la luna se ve blanca en el cenit porque está más alejada de la Tierra y la luz azul de nuestra atmósfera se disipa y no alcanza a observarse. Simpática explicación que no explica satisfactoriamente toda la riqueza de la película, por lo que prefiero la explicación metafórica de 104 minutos.

MI ENCUENTRO CONMIGO MISMO (2020)

En este mayo de 2020 (casi 15 años después), mi corazón y mi intelecto están más equilibrados, habiendo crecido mi intuición y mi sensibilidad, mientras que mi intelecto ha tendido a emparejarse con estos, no a estar disparado como antes.

La película...el personaje de Bruce Willis se entrelaza con varios estados de su yo, varias personalidades que representan etapas de su vida. Aunque sobresale la del adulto intelectual, hombre de negocios estresado.

Con los años entendí que mi facilitador buscaba que yo me proyectara en el personaje interpretado por Bruce.

Con esa película iniciaría el encuentro conmigo mismo, que culminaría años después, en el proceso de Maestría en Terapia Gestalt.

El niño, la avioneta, la luna, la pareja, piezas de un cabeza dura que tiene que unir las piezas como en el juego del rompecabezas, desestructurarse para luego reestructurarse.

El piloto es el adulto maduro, el que cumplió su deseo.

En mí han coexistido todos los personajes interpretados por Bruce en esta película, de una u otra manera. Y aún queda algo del que escribió el reporte de la película de 2005, está integrado a lo que fui y a lo que soy en este momento.

Pasé más de treinta años buscándome, no me daba cuenta de que me tenía tan cercas.

6.18.- CARTAS DE TAROT PROYECTIVAS

Las cartas del Tarot, en terapia, así como otro tipo de cartas (Kesem, OH!, Tarjetas de Paula Jiménez, baraja española, etc.) pueden ser utilizadas como medios proyectivos. Algunas posibilidades, en cuanto al Tarot son:

1.-Preguntar al consultante cuáles son las proyecciones que la lámina o los detalles de esta (carta del Tarot) forman en él.

2.-Qué figura le hace determinada lámina al contemplarla durante unos segundos o minutos.

3.-Darse cuenta mientras dibuja la lámina al revés, según el método de Ahimsa Lara.

4.-¿Con qué familiar o persona asocias la lámina elegida?

5.-¿Qué representa para ti cada elemento de la lámina elegida?

6.-Tomar en cuenta el simbolismo antiguo o arquetípico de los elementos de las láminas.

7.-Conviértete en ese elemento que te llama la atención de la lámina y dialoga con los demás elementos.

8.-Crea una breve historia a partir de los elementos de la lámina elegida.

9.-Colorea el interior y el exterior de la lámina, ¿de qué te das cuenta?, y analizar psicológicamente los colores usados.

10.-Aprovechar la ambigüedad del mensaje de cada lámina, para trabajar la polaridad de ella en el consultante.

11.-Hacer un dibujo al exterior de los cuatro lados de la lámina:

Arriba (se relacionará con el super yo)

Abajo (se relacionará con el Ello)

A la izquierda (se relacionará con el pasado)

A la derecha (se relacionará con el futuro).

En culturacolectiva.com se lee: *"Carl Jung, mediante su teoría de los arquetipos, encontró que el tarot es una colección de simbolismos con gran beneficio para la psicología analítica; de acuerdo con sus estudios, el médico suizo dice que dicha baraja está compuesta de imágenes con las que uno interactúa para hallar determinado contenido que decimos no conocer, pero en realidad no es otro más que ése que guardamos en lo profundo de la mente. Esas ideas arquetípicas que toman la forma de ilustraciones extravagantes son la oportunidad, según Carl Jung, que tiene el hombre de buscar sus condiciones del presente, sus vivencias del pasado y sus disposiciones al futuro".*

Los **Arquetipos de cada lámina del Tarot** de Marsella (de acuerdo con fuentes como A. Jodorowsky, Ahimsa Lara, Carl Jung y Encarna Sánchez) serían los siguientes:

0.- El Loco: El buscador, el viajero, el joven, la energía consciente aportada o liberada (según si aparece antes o después de otra carta).

1.- El Mago: El mago interior, el principiante intelectual, el burlador.

2.- La Papisa: Madre o abuela religiosa, mujer frígida, mujer tradicionalista. El ánima o parte femenina intuitiva en acción.

3.- La Emperatriz: La madre, mujer inmadura, mujer materialista.

4.- El Emperador: El padre (terrenal o cósmico), el jefe. El Animus o energía masculina. El héroe u hombre que se quiere ser.

5.- El Papa: El profesor, el maestro, el gurú, el mediador, hombre casado, el viejo sabio, el padre idealizado.

6.- El Enamorado: El enamorado y la familia, cierto grupo al que se pertenece. Ánima y Animus.

7.- El Carro: El guerrero triunfador, la lucha, acción alquímica de transformación.

8.- La Justicia: El juez (interno, externo o espiritual), autoridad, madre castradora, mujer embarazada.

9.- El Ermitaño: El sabio interior, el sabio introspectivo, padre ausente, padre lejano o desaparecido.

10.- La Rueda de la Fortuna: El movimiento de los ciclos. La suerte y el destino.

11.- La Fuerza: La fuerza interior, la resistencia, la energía inconsciente o instintiva, sexual y creativa.

12.- El Colgado: El héroe sacrificador consciente. El sacrificio.

13.- El Arcano sin nombre: La transformación radical. El renacimiento.

14.- La Templanza: El ángel de la guarda. La unión de los opuestos.

15.- El Diablo: El ego, la sombra. La energía sexual.

16.- La Torre: El maná cósmico. El caos.

17.- La Estrella: La princesa idealista, el alma pura. La fe.

18.- La Luna: La bruja buena. El lado oscuro de la luna y de los sueños, las emociones.

19.- El Sol: El cuerpo de luz, el niño interior sano. El sol victorioso.

20.- El Juicio: El ser luminoso que fluye. Evaluación y recompensa.

21.- El Mundo: El andrógino integrado. La plenitud. Estabilidad en lo terrenal y espiritual.

6.19.- REAJUSTAR LA ZONA DEL FUTURO

En el entendido de cada persona tiene una línea imaginaria de tiempo, incluyendo pasado, presente y futuro, éste último se vuelve importante para establecer cambios trabajados en terapia. Esto lo vemos, por ejemplo, en el llamado 'Puente a Futuro', técnica de PNL.

Volviendo al asunto de la línea temporal del futuro, menciona Steve Andreas que: *"La gente que sufre de problemas con las drogas y el alcohol puede sacar ventaja de una línea de tiempo de un futuro más atractivo. Si su futuro es corto, pequeño o esté en un lugar en donde no puede ser visto, claramente sus necesidades y los deseos no encontrarán buena receptividad. La gente con este tipo de futuro tiene generalmente dificultad para perder peso, para guardar hábitos positivos de la salud, para planear o para establecerlos y para alcanzar objetivos"*.

La Línea del tiempo futuro, si no es funcional, se tiene la posibilidad de recodificarla. Para esto, hay que investigar la dirección de la mirada del consultante. Hay que observar todos los indicadores no verbales que hace el consultante mientras clasifica su línea de tiempo.

También, hay que encontrar las características o submodalidades de la zona del futuro: asociado/disociado, color/blanco y negro, pequeño/grande, longitud corta/larga, luminosa/oscura, claro/borroso, cerca/lejos, inmóvil/en movimiento, imágenes/película, nitidez/transparencia, enfoque, localización espacial (dirección, angulo, altura, posición, inicio y final de la línea del futuro),

¿Cuáles submodalidades son las más críticas para el consultante para codificar su línea temporal?

Importante diferenciar el futuro a corto plazo (una semana) y a largo plazo (en 5 años), suele ser en una longitud distinta. Que el consultante experimente qué le sucede si modifica el patrón de línea temporal..¿Mejora, queda igual o empeora?

En una consulta, una persona, a la que llamaremos Sebastián, lado dominante diestro, ubica su pasado a su derecha, y en su centro ve su presente y su futuro. Esto le trae ventajas y desventajas. Veamos, tiene problemas (corroborados en su historia de vida) para plantearse metas a largo plazo, ya que prefiere metas a corto plazo, y mejor aún, vive el presente ¿Por qué? Porque tiene encimados el presente y el futuro en una misma zona (al centro de su mirada).

6.20.- DUELO ESCONDIDO

En ocasiones, los síntomas de una persona "gritan" que está ocurriendo algo emocional dentro, que está siendo ocultado por pena o por vergüenza de lo que puedan decir los demás. En este momento estoy recordando a un adulto que llegó a mi consultorio quejándose de vértigos, náuseas, insomnio y sueños con contenidos "raros". Explorando su historia de vida de las últimas semanas surgió el fallecimiento de un abuelo muy querido por él. Aseguró que no creía que esto estuviera relacionado con sus síntomas. No le rebatí, y empezamos a trabajar su duelo...a los pocos minutos de diálogo con silla vacía, o, mejor dicho, con silla llena de su abuelo...el consultante empezó a derramar lágrimas, y de ahí en adelante, varias sesiones para su proceso de duelo.

6.21.- ALTERACIÓN SENSORIAL EN PSICÓPATAS Y PSICÓTICOS

En julio de 2019, especialistas del Hospital Provincial de Castelló han identificado una disfunción cerebral compartida entre pacientes diagnosticados de esquizofrenia, un tipo de psicosis, y pacientes que presentan trastorno antisocial de la personalidad o psicopatía.

El hallazgo, que acaba de ser publicado en la prestigiosa revista internacional *'Journal of Dual Diagnosis'*, sugiere que existe ***una alteración compartida en la capacidad que tienen estos pacientes de filtrar la información sensorial de su entorno, lo que puede llevarles a realizar interpretaciones distorsionadas de la realidad y predisponerles al consumo de cocaína***.

El estudio, financiado por la Fundación del Hospital Provincial y el Instituto Carlos III, lo ha llevado a cabo Alejandro Fuertes, residente de psiquiatría de tercer año en el Hospital Provincial de Castellón, junto con Gonzalo Haro, psiquiatra responsable del Programa de Patología Dual Grave del Hospital Provincial, y otros miembros del grupo de investigación TXP de la Universidad CEU-Cardenal Herrera.

Como muchos colegas saben, es difícil trabajar en terapia con personas que padecen psicosis (como los esquizofrénicos) o los que han sido diagnosticados con transtorno antisocial de la personalidad (también llamados psicópatas).

Los esquizofrénicos presentan un amplio espectro de tipos de psicosis. A veces me pregunto si sus alucinaciones auditivas no estarán relacionadas con las fragmentaciones su yo, aunque en un descontrol descomunal, y qué tanto puede un facilitador intervenir ante esto.

¡Y cuántas veces me he topado con personas con psicopatía que aseguraban no sentir nada! Y es que varios investigadores han encontrado evidencia de que tienen déficits emocionales.

Ahora, no es imposible que un psicópata tenga alucinaciones, las pueden tener, por ejemplo, si llegan a consumir drogas que les provoquen la aparición de estas. En ocasiones presentan comorbilidades psicopatológicas en las que estos psicópatas también padecen delirios (de grandeza, persecución, erotomanía u otra). En algunos psicópatas se ha encontrado que practicaban cultos y rituales satánicos, afirmando a veces que en esos momentos tenían visiones o sentían presencias demoníacas.

Según el experto Hugo Marietán, un psicópata no debe considerarse un enfermo, sino un ser anormal con una estructura mental diferente a la norma del resto de la sociedad, e incapaz de adaptar su conducta.

6.22.- EL ANTES Y EL DESPUÉS DE UNA CONSULTA

Esto fue muy claro cuando atendí a (vamos a ponerle) Pedro, un preso. Antes de ingresar a consulta, Pedro fue conducido por un Oficial de Seguridad y Custodia (de ahora en adelante: guardia) hacia mi consultorio, en el trayecto iba bromeando y quitado de la pena.

Durante la consulta, me dice que no puede dormir porque escucha que alguien llora y que no es nadie, y que entonces pide que le den medicamento controlado. Yo noto incongruencias en su lenguaje corporal, verbal y actitudes. Lo cuestiono y para mí es evidente que está intentando manipular para obtener medicamento controlado.

Una vez finalizada la consulta, se retira otra vez bromeando con el guardia, comentándole que; "*no pegó mi mentira*".

Para complementar mis observaciones, pregunto al guardia lo que observó del preso antes y después de haber sido atendido por mí, y coincide que intentó manipular.

Esto me recuerda los aspectos que cuidan los que aplican Exámenes de Control y Confianza, quienes te están observando desde que ingresas al lugar donde te aplicarán los exámenes, a través de cámaras, personal de intendencia o de recepción, toda esa información luego es entregada a quienes te entrevistarán.

Así que, tomemos en cuenta cómo se comporta nuestro consultante antes y después de que lo hayamos atendido.

6.23.- ¿HAS SUFRIDO DE VIOLENCIA SEXUAL?
Cuando les he hecho esta pregunta a presos (actualmente llamados personas privadas de la libertad) todos han contestado que no.

Luego, reflexionamos que en realidad sí la han padecido, incluso yo. Porque violencia sexual no es solamente violación (como cree mucha gente), también es abuso sexual, chistes sexuales violentos, llevaderas sexuales, etcétera. Finalmente, aceptan que sí han estado recibiendo violencia sexual desde su niñez, y que también ellos han sido violentos sexualmente con otras personas, tanto con hombres como con mujeres.

6.24.- INFLUENCIA DE LAS RELIGIONES EN LOS CONSULTANTES
Suelo cerciorarme temprano o tarde sobre la religión o creencia espiritual de mis consultantes. Porque este factor brincará en algún momento, a favor o en contra del proceso terapéutico.

A veces, algunos consultantes rechazan los "métodos adivinatorios" y las lecturas intuitivas como la lectura al azar de La Biblia.

Hace pocos días, dentro de mi creatividad, a una señora le ofrecí la oportunidad de tener entre sus manos la figura de un cristo (como de un metro de largo), el cual aceptó y le sirvió de gran apoyo y alivio al estar trabajando unos traumas. Lo intuí y le ofrecí la oportunidad, porque media hora antes me había dicho que era cristiana y valoraba mucho su religión.

6.25.- PERDÓN DE LA MADRE
Trabajando el proceso de duelo por el fallecimiento de la madre un adulto, sale a relucir que necesita el perdón de su madre. Dialoga con ella en silla vacía, se despide de ella habiendo recibido el perdón y la bendición de ella. Entonces le pregunto: ¿en qué objeto de este cubículo sientes que se representa ese perdón? Me responde que en el cuadro de flores que tengo en una pared. Le pido que le tome una fotografía mental y lo guarde en su corazón.

6.26.- MENSAJE DEL INCONSCIENTE

Cuando le menciono este tema a una persona, me comenta que él tiene su propio método. Consiste en tener dos piedras en un bolsillo de pantalón, las dos piedras del mismo tamaño y forma, pero de diferente color (una negra y una blanca), se le tiene que asignar un significado a la piedra negra y un significado contrario a la piedra blanca. Hay que revolverlas en el bolsillo del pantalón, y luego tomar una, esa será la respuesta a lo que preguntemos.

6.27.- CLAVES PARA ENTENDER UN SUEÑO

En lo que me ha tocado tratar sueños, en cuanto a su facilitación, interpretación o análisis, me he dado cuenta de que es muy importante preguntar qué sintió, esto en cuanto a un elemento o pasaje importante. Por ejemplo, si el consultante menciona que estaba en un monte caminando, hay que preguntarle qué sintió. La emoción o sentimiento que mencione el consultante puede ser el punto de partida hacia el meollo de la proyección del sueño.

Por otra parte, no es menos relevante recordar que rara vez se sueña un futuro literal, más que nada se soñarán proyecciones, siendo también útiles las polaridades o "ley de contrarios", y la "ley de analogías", para trabajar con un sueño.

6.28 ¿RELAJACIÓN O REPROCESAMIENTO?

Me he dado cuenta de que lo que marca una gran diferencia en el ámbito terapéutico es la unión o integración de la técnica con la intención.

Es actuar en cuerpo y mente; o mejor aún, cuerpo, mente y energía, entendida ésta última como emociones o incluso más que lo emocional.

Gary Craig (y sus sucesores) lo entendía cuando fusionó el tapping de puntos energéticos con frases de creencias. Francine Shapiro lo sabía cuando en el EMDR incluyó las creencias como parte integral del reprocesamiento de esta técnica. A David Grand le queda claro que, para que funcione Brainspotting se necesita agregarle una intención o propósito a la técnica, para que no se quede en una simple relajación.

Es como cuando escuchamos activamente a alguien, diferente a cuando oímos sin prestar atención ni tener una intención o propósito de procesar esos estímulos auditivos.

Entretenerte te ayuda a relajarte. Relajarte te ayuda a concentrarte y serenarte.

Un trauma no se supera con entretenimiento ni con relajación. Ni con pláticas. Es necesario reprocesar el trauma, y aquí es donde entran en acción las técnicas de finales del siglo XX y principios del XXI, algunos les llaman "de integración cerebral", otros les nombran "neurológicas", unos más distinguen entre "las de estimulación bilateral" y "las de estimulación de puntos energéticos".

La relajación es recurrente en la Terapia Cognitiva, el reprocesamiento del trauma es indispensable en las técnicas energéticas y de integración cerebral.

En Terapia Gestalt, se intenta facilitar que el consultante se dé cuenta de sus movimientos corporales, sean estos en incongruencias o en descargas de emociones a través de golpear cojines. Es decir, se fomenta que se dé cuenta de las intenciones de su cuerpo, de su mente, de sus emociones, nada está aislado, todo está integrado.

6.29 FELDENKRAIS

«Desde que Richard (Bandler) conoció a Moshe (Feldenkrais), quedó fascinado. Yo aún sostengo que Moshe fue quizá la influencia más importante en la forma de pensar de Richard en relación al trabajo personal. Es evidente que tuvo una gran influencia del trabajo de Milton Erickson, e incluso quienes han visto a Frank Farrelly reconocen su influencia en el estilo terapéutico de Richard. Pero, en lo que se refiere a tipo de pensamiento y filosofía, yo encuentro una influencia mayor de Feldenkrais».
Gabriel Guerrero

Me permito mostrar a una persona multifacética, desconocida por algunos, y muy valorada por los que saben de él. Me cuento entre los que no sabía la relevancia de él y de su método, perdón, Moshe. Estoy hablando de Moshe Feldenkrais.

Me he dado a la tarea de conseguir libros de Feldenkrais, escritos de él y sobre él. No fue fácil conseguir algunos.

Los indicios muestran que vale la pena aprender de este gran sanador. Ya sea aprendiendo sus ejercicios o su filosofía, o ambas cosas.

Feldenkrais fue físico, incluso trabajó en el laboratorio de Curie. Luego fue designado por Jigoro Kano (creador del Judo) para que difundiera esta Disciplina en Europa. A raíz de que se lesionó una rodilla, empezó a investigar el cuerpo, hasta desarrollar un método propio, que ya saben como se llama.

Te invito, pues, a que conozcamos el importante legado de Terapia Corporal de este señor, más conocido como MÉTODO FELDENKRAIS.

*Libros que te sugiero leer de él:
«La dificultad de ver lo Obvio».
«Autoconciencia por el movimiento».
«La Sabiduría del Cuerpo. Recopilación de Artículos y Entrevistas Feldenkrais».
Y un libro que escribe uno de sus seguidores:
«Mark Reese Ejercicios de Relajación»

6.30.- BRAINSPOTTING VS. ENFOQUE COGNITIVO-CONDUCTUAL

"Los ojos son el espejo del cerebro y del cuerpo".
David Grand y Alan Goldberg

El Dr. David Grand llegó a la conclusión de que el punto ocular de una persona que se activa por un tema determinado revela qué parte del cerebro alberga el trauma y dónde lo refleja el cuerpo. De todo ello creó la Técnica de Brainspotting (BSP).
Antes de buscar las posiciones oculares se necesita determinar la ubicación y la intensidad de la activación de los síntomas:
1.-Centrar su atención en el problema, para "activarlo" en consecuencia. Hay dos maneras:

a).-Que se sitúe mentalmente (o sienta ese estado disparador) del trauma o de lo que le ocasiona lo asociado a su bloqueo/conflicto.

b).-Trasladar literalmente la persona al lugar físico donde ocurrió el trauma. O recrear la situación física para que el paciente comience a experimentar el bloqueo/trauma.
De ahí en adelante sigue una serie de procedimientos de un protocolo que tiene sus variantes.

El descubrimiento del **Brainspotting (BSP) Deportivo** está avalado por la memorización automática (lo que otros le llaman "memoria corporal"), en la mente y en el cuerpo, de cada lesión del atleta. Si estos traumas no se procesan, se quedan atascados, en su totalidad, en la neurofisiología. Es decir, el deportista conserva todas las imágenes, sonidos, olores, emociones y sensaciones corporales del trauma sin percibirlo conscientemente. Los episodios angustiantes van agolpándose y formando capas sobre los traumas previos.

Durante meses o incluso años, puede parecer que esta acumulación de traumas no afecta en absoluto al atleta. Eso es porque, hasta ahora, ha sabido adaptarse de alguna forma a las consecuencias físicas y emocionales internas de los traumas. Al ir juntándose más experiencias angustiantes, no obstante, la capacidad de adaptación se desborda gradualmente, hasta que revienta la presa.

El Modelo de Brainspotting Deportivo es integrativo, y al compararlo con la Modelo Psicológico tradicional (Cognitivo-Conductual), se pueden ver las siguientes diferencias:

MODELO BRAINSPOTTING DEPORTIVO
1.-Centrado en el deportista, lo sigue. Se colabora con el deportista.
2.-Estrategias mentales conscientes e inconscientes: Técnicas de Brainspotting, Mindfulness, Micromovimientos, Estimulación Bilateral auditiva, táctil o visual.
3.-Enfoque holístico mente-cuerpo-persona, activando los hemisferios cerebrales y reprocesando el historial de experiencias traumáticas.
4.-Manejo del monólogo interior Negativo, para integrarlo y armonizarlo con el Monólogo interior positivo.
5.-Se dedica a tratar las experiencias traumáticas que han dejado emociones, sensaciones y creencias en lo inconsciente, generalmente de un historial de muchos años que desembocaron en el RSPP.
6.-Mayor efectividad en casos difíciles.
7.-Técnicas eficaces cuando están implicados traumas psicológicos.
8.-Este modelo puede ayudar a cualquier persona o deportista, sea de élite o no, porque cualquier deportista o persona va acumulando traumas en su vida, y superarlos lo hará rendir más
9.-Nuestra respuesta al peligro está integrada en el cerebro y el cuerpo, por lo que las reacciones son involuntarias e instintivas. Toma en cuenta la Parálisis, que es una respuesta refleja del mecanismo de supervivencia en el animal y en el ser humano. Esta respuesta surge cuando no ha sido posible luchar o huir. Después, el animal puede liberar ese trauma, el ser humano no suele liberar esa experiencia traumática, por lo que le quedan grabados (anclados) involuntariamente los estímulos de los sentidos involucrados (imágenes, sonidos, olores, etc.), emociones y sensaciones corporales de dicho evento.

MODELO TRADICIONAL DE PSICOLOGÍA
1.-Dirige, orienta y prescribe soluciones al deportista.

2.-Estrategias mentales conscientes: Técnicas de relajación, afirmaciones positivas, ensayos mentales, técnicas cognitivo-conductuales.

3.-Enfoque cognitivo-conductual, centrado en los síntomas recientes del problema, sin retomar los traumas psicológicos del pasado.

4.-Manejo del Monólogo interior positivo y combate al monólogo interior negativo.

5.-Se dedica a tratar los síntomas: tensión física, dudas, ansiedad, temores, ideas negativas, entrenamiento, y todo lo relacionado a lo consciente y lo actual.

6.-Soluciones con efectividad total, temporal o sin poder solucionar algunos conflictos.

7.-Técnicas ineficaces cuando están implicados traumas psicológicos.

8.-Este modelo cree que los problemas se pueden resolver analizando conscientemente.

9.-Este modelo dicotomiza las reacciones como de lucha o huida, sin tomar en cuenta la parálisis.

¿Para qué muestro esta comparación? Para darnos cuenta de que un enfoque integrativo (Brainspotting Deportivo o incluso la Terapia Gestalt) tiene claras diferencias con los Enfoques tradicionales Cognitivos-Conductuales y sus derivados.

7.- REFLEXIONES Y CONCLUSIONES

Emprendí esta aventura de escribir el sexto libro, sin saber qué tanto me encontraría en el camino. Fueron surgiendo temas y subtemas que luego adquirían coherencia al integrarlos, con un vaivén de palabras, frases, citas, recuerdos y experiencias entremezcladas. Fue intuitivo, intelectual y emocionante.

Con este libro yo también aprendo, es como cuando preparo clases en la docencia. Aterrizo y comprendo con fundamentos lo que antes estaba como anécdota o como simple experiencia terapéutica intensa. Y es en esta exploración e integración de experiencias, conceptos y enfoques, que al compartirla así, actual y "remasterizada" en algunos temas que los veo con los ojos de 2019 y no los de la década pasada, que te enriqueces tú que me lees y me experimentas; y me enriquezco yo, que muchas veces escribo en trance el texto o el poema.

Quedo satisfecho con el contenido de este libro, porque el río de tinta cibernética en las semanas invertidas desembocó en un mar integrado.

Pretendo que los libros que escribo sean de consulta frecuente, tanto para mí como para ti. Ya que aquí he resumido tesoros encontrados en importantes textos
y experiencias de enfoques como Constelaciones Familiares, EFT, Gestalt, y muchos más que aparecen en este libro.

Como conclusión, mi deseo es que no me imites, solamente espero que lo que aquí leas te inspire, te sea útil y lo adaptes a tu estilo, a tu contexto, a tu consultante, a las necesidades de ambos. En ese instante preciso y precioso donde en la atmósfera pequeña de una mesa, escritorio o suelo cabrá un Alma Familiar.

8.- REFERENCIAS CONSULTADAS Y PARA SABER MÁS

Capítulo 2.- Algunos fundamentos y cuestiones en enfoques de terapia:
Libros:
-Bender, Sheila y Sise, Mary. "La energía de la creencia". México: Ed. Obelisco, 2011
-Bloch, Susana. "Al Alba de las Emociones. Respiración y manejo de las emociones". Chile: Ed. Uqbar, 2011.
-Carvalho, Esly Regina. "Sanando la Pandilla que vive adentro". Amazon.com: Editorial Independiente, recuperado de Kindle, 2017.
-Castillo, Carola. "Ecos del pasado. Trabajo terapéutico sistémico en Constelaciones Familiares". Estados Unidos: DC Media and Communications,Inc. 2ª, edición, 2015.
-Colodrón, María. "Muñecos, metáforas y soluciones". España. Ed. Desclée de Brouwer, 2009.
-Dawson, Karl y Allenby, Sasha. "Reimpronta Matricial. Reescribe tu pasado. Transforma tu futuro". México: Yug, 2012.
-Dennison, Paul y Dennison Gail. "Brain Gym. Aprendizaje de todo el cerebro". México: Ed. Lectorum, 2000.
-Dilts, Robert y Gilligan, Stephen. "El Viaje del Héroe. Un camino de autodescubrimiento". España: Ed. Instituto Rigden Gestalt, 2011
-Fleche, C. y Levy, Philippe. "Protocolos de Retorno a la Salud". Ed. Gaia, 2014.
-Franke, Ursula. "Cuando Cierro los Ojos te puedo ver". Argentina: Alma Lepik, 2008.
-Guerrero, Tivisay. "Familia Interna y Contratos Ocultos". Amazon.com: Editorial Independiente, recuperado de Kindle, 2015.
-Hartmann, Silvia. "Energy EFT". Reino Unido: DragonRising, 2012
-Innecken, Barbara y Madelung, Eva. "Nuestras Imágenes Internas. Uso creativo de la PNL y las Constelaciones Familiares en Terapia, Coaching y Autoayuda". España: Rigden Institut Gestalt, 2007.
-Jodorowsky, Alejandro, y Costa, Marianne. "Metagenealogía". España: Ed. Debolsillo, 2015.
-Kampenhout, Daan. "La Sanación viene desde afuera". Argentina: Alma Lepik, 2007.
-McCluggege, Denise. "El Esquiador Centrado". Chile: Ed. Cuatro Vientos, 1996.
-Martínez Bernal, Juan Carlos. "Técnicas Energéticas y de Integración Cerebral". Amazon.com: Editorial Independiente, recuperado de Kindle, agosto de 2019.
-Navarro, Marco. "El mago que olvidó su poder. Frases y cuentos para sanar el alma". México: Ed. Casa Navarro, recuperado de Kindle, 2015.
-Porges, Stephen; Domínguez, Benjamín y cols. "La Teoría Polivagal y su papel en el tratamiento de los desórdenes de atención, regulación afectiva, comunicación social y agresión". Proyecto Conacyt MO-299. México, 2001.
-Ruppert, Franz. "Trauma, Vínculo y Constelaciones Familiares". México: Ed. Paidós, 2017
-Solvey, Pablo y Ferrazzano de Solvey, Raquel. "La Escena Fundante y otras escenas significativas en psicoterapia". Argentina: Ed. TdeA, 2012
-Sharamon, S. y Baginski, J. "El Gran Libro de los Chakras". España: Ed. Edaf, 2017
-Stevens, John O. "Esto es Guestalt. Colección de artículos sobre terapia y estilos de vida guestálticos". Chile: Ed. Cuatro Vientos, 1993.

-Stone, Hal y Stone, Sidra. "Manual de Diálogo de Voces". España: Ed. Eleftheria, 2014.
-Williams, Robert M. "Psych-K. La pieza/paz que falta en tu vida". Colorado: Myrddin, 2009
Internet:
*La Teoría Polivagal (24-julio-2018):
https://bernal27.blogspot.com/2018/07/la-teoria-polivagal.html
*Más experiencias terapéuticas (01-septiembre-2019):
https://bernal27.blogspot.com/2019/09/mas-experiencias-terapeuticas.html
Rosa González Lana: Técnica del Ojo por vez y gafas:
http://rosagonzalezlana.blogspot.com/p/tecnica-del-ojo-por-vez-y-gafas.html

Capítulo 3.- Terapia Gestalt:

Textos:
-Gutiérrez, Leonor y Bustamante, Mariano. "Textos del Diplomado de Constelaciones Familiares". Organizado por Universidad de Colima-Centro de Soluciones Sistémicas Vinculum Cor S.C. agosto 2007 – diciembre 2008.
Internet:
*Apuntes y tips en Gestalt INTEGRO (11-enero-2017):
https://bernal27.blogspot.com/2017/01/apuntes-y-tips-en-gestalt-integro.html

Capítulo 4.- Más de Terapias Energéticas e Integración Cerebral:

Libros:
-Beaulieu, Danie. "Impact Techniques for Terapists" (Técnicas de Impacto para Terapeutas). Reino Unido: Routledge Taylor and Group, 2006.
-Callahan, Roger. "Despierta a tu Sanador Interior". España. Ed. Palmyra, 2006.
-Carvalho, Esly Regina. "Sanando la Pandilla que vive adentro". Amazon.com: Editorial Independiente, recuperado de Kindle, 2017
-Dawson, Karl y Allenby, Sasha. "Reimpronta Matricial. Reescribe tu pasado. Transforma tu futuro". México: Yug, 2012.
-Diamond, John. "Kinesiología del Comportamiento". España: Ed. Edaf, 1978.
-Martínez Bernal, Juan Carlos. "Técnicas Energéticas y de Integración Cerebral". Amazon.com: Editorial Independiente, recuperado de Kindle, agosto de 2019.
-Roques, Jacques. "Curar con el EMDR. Teoría y práctica". España: Ed. Kairós, 2007.
-Samael Aun Weor. "Ejercicios de Lamasería". Colombia: Ed. Independiente, 1973
-Solvey, Pablo y Ferrazzano de Solvey, Raquel. "Manual de P.E.T. Pain Erasing Technique. Técnica de Borrado del Dolor". Argentina: Centro de Terapias de Avanzada, 2010.
-Solvey, Pablo y Ferrazzano de Solvey, Raquel. "Terapias de Avanzada Vol. I y II". 2ª. Edición, Argentina: Ed. TdeA, 2008.
Internet:
*Aventuras con EFT y EMDR (25-julio-2012):
https://bernal27.blogspot.com/2012/07/aventuras-con-eft.html
*Mis intervenciones en crisis (04-abril-2016):
https://bernal27.blogspot.com/2016/04/mis-intervenciones-en-crisis.html
*Elium, D. Integrative States therapy research: Neuro-energetic dissociation,
"When Muscle testing doesn't work: iSt9x9 research," in Energy Psychology
Conference-International, 2001, Conference Handouts, 73-78.
https://goe.ac/bsff_and_the_ist_9x9_grid.htm
*Gimnasia Cerebral o Brain Gym (02-septiembre-2012):
http://bernal27.blogspot.mx/2012/09/gimnasia-cerebral.html

*Lados del cuerpo y su simbolismo (23-octubre-2011):
https://bernal27.blogspot.com/search/label/LADOS%20CORPORALES

Capítulo 5.- Constelaciones Familiares y enfoques afines:

Libros:
-Castillo, Carola. "Ecos del pasado. Trabajo terapéutico sistémico en Constelaciones Familiares". Estados Unidos: DC Media and Communications, Inc. 2ª, edición, 2015
-Colodrón, María. "Muñecos, metáforas y soluciones". España. Ed. Desclée de Brouwer, 2009
-Gutiérrez, Leonor y Bustamante, Mariano. "Textos del Diplomado de Constelaciones Familiares". Organizado por Universidad de Colima-Centro de Soluciones Sistémicas Vinculum Cor S.C. agosto 2007 – diciembre 2008.
-Franke, Ursula. "Cuando Cierro los Ojos te puedo ver". Argentina: Alma Lepik, 2008.
-Guerrero, Tivisay. "Familia Interna y Contratos Ocultos". Amazon.com: Editorial Independiente, recuperado de Kindle, 2015.
-Jodorowsky, Alejandro, y Costa, Marianne. "Metagenealogía". España: Ed. Debolsillo, 2015.
-Martínez Bernal, Juan Carlos. "Sin Cuenta Experiencias Terapéuticas". Amazon.com: Editorial Independiente, recuperado de Kindle, agosto de 2019.
Internet:
*Apuntes y tips en Gestalt INTEGRO (11-enero-2017):
https://bernal27.blogspot.com/2017/01/apuntes-y-tips-en-gestalt-integro.html

Capítulo 6.-Algunos casos, fenómenos y transtornos en psicoterapia:

Libros:
-Castellanos, Leonel. "El efecto Leopi". México: Alfaomega, 2ª. Edición, 2014.
-Freixedo, Salvador. "Curanderismo y curaciones por la fe". España:
Heptada, 1983.
-Garda Salas, Roberto. "Manual del Usuario. Primer Nivel. Programa de Hombres Renunciando a su Violencia". CORIAC: México, 2003.
-Martínez Bernal, Juan Carlos (2005). "Psicología de las curaciones por la fe". Artículo divulgativo, recuperado de Scribd.com
-Solvey, Pablo y Ferrazzano de Solvey, Raquel. "Manual de P.E.T. Pain Erasing Technique. Técnica de Borrado del Dolor". Argentina: Centro de Terapias de Avanzada, 2010.
Internet:
*Bioguía de Mandalas:
https://www.facebook.com/LaBioguia/posts/mandalas-con-objetos-de-lanaturaleza/1308283299221082/?hc_location=ufi
*Dedos de las manos: tabla e historias (08-septiembre-2017):
https://bernal27.blogspot.com/2017/09/intuicion.html
*Tratar la Violencia de Género (05-diciembre-2017):
https://bernal27.blogspot.com/2017/12/tratar-la-violencia-de-genero.html
*Eduardo el Rius (23-agosto-2017):
https://bernal27.blogspot.com/2017/08/eduardo-el-rius.html
*El padre y la figura paterna (05-junio-2014):
https://bernal27.blogspot.com/2014/06/el-padre-y-la-figura-paterna.html
*Especial de PNL (25-marzo-2011):
https://bernal27.blogspot.com/2011/03/especial-de-pnl.html
*Más experiencias terapéuticas (01-septiembre-2019):
https://bernal27.blogspot.com/2019/09/mas-experiencias-terapeuticas.html

Otros
*Las frases colocadas al principio de un capítulo o subcapítulo, que no tienen autor, fueron tomadas de mi libro:
-Martínez Bernal, Juan Carlos. "1000 Tuits de BERNAL27". Amazon.com: Editorial Independiente, recuperado de Kindle, julio de 2019.

10.-ACERCA DEL AUTOR.
Referencias en Internet:
*Biografía profesional:
https://bernal27.blogspot.com/2012/01/mis-obras-bernal27.html
*Libros publicados:
https://bernal27.blogspot.com/2019/07/mi-primer-libro-la-venta.html
*Blog de Juan Carlos Martínez Bernal:
https://bernal27.blogspot.com/

9.- OPINIONES SOBRE EL AUTOR

"Juan Carlos Bernal, gran psicoterapeuta, que nos comparte por redes, libros, artículos, etc. donde podemos aprender y continuar nuestro crecimiento, lo hace en forma totalmente desinteresada y eso es un gran valor que admiro mucho de él, su empatía, y su gran profesionalismo".

Bárbara Beatriz Pagaza Jurado

Médico general, Psicoterapeuta Gestalt, y Maestría en Constelaciones Familiares.

Actual docente en el Instituto Humanístico Integral de Durango.

Además de ejercer psicoterapia en consultorio privado.

"Como docente, tuve el privilegio de conocer a Juan Carlos en su etapa formativa a nivel Licenciatura, donde se distinguió por su congruencia, disciplina, responsabilidad, vocación y ética, tanto en las actividades escolares como personales, permeadas siempre por un juicio crítico ejercido con sentido de justicia; gustaba de la práctica deportiva y de escribir con fundamentos sobre distintos temas propios de la Psicología. Con el paso del tiempo, Juan Carlos ha demostrado su conciencia social como psicólogo, al ejercer su profesión buscando la mejora de las condiciones de vida de las personas."

Julio César Verdugo Lucero

Maestro en Ciencias, Área Psicología Aplicada.

Autor del libro "Elaboración de Técnicas de Manejo Grupal".

Docente-Investigador y Ex Director de la Facultad de Psicología de la Universidad de Colima

"Estas líneas están dedicadas a una gran persona, el Psicólogo Juan Carlos Martínez Bernal, cuya trayectoria ha sido una historia de retos y oportunidades que han potencializado sus facetas de trabajador sindicalizado, profesionista y escritor. Como trabajador sindicalizado, has sido un agente de cambio y constituyente de una nueva Organización Sindical (SITSGODEC). Tu perfil de psicólogo profesional, creativo, y tu capacidad de resiliencia han sido determinantes en tu vida laboral, a la hora de aplicar tus conocimientos y tratar a tus pacientes.

A través de la palabra escrita en tus diversos artículos y libros has tenido la capacidad de aportar y compartir tu pensamiento, experiencias y técnicas, sin miedos ni vanaglorias, gozando en cada momento de tu vocación multifacética".

Licda. Ana Cristina Navarro Castro

Secretaria General del Sindicato Independiente de Trabajadores al Servicio del Gobierno y Organismos Descentralizados del Estado de Colima

10.- ACERCA DEL AUTOR

Juan Carlos Martínez Bernal (Colima, México, 13-03-1973). Psicólogo (Licenciatura de 5 años en Universidad de Colima), Terapeuta Gestalt (Maestría en Instituto de Terapia Guestalt Región Occidente INTEGRO Colima 2, 2005-2008, con estudios inconclusos), Diplomado en Constelaciones Familiares (Universidad de Colima-Centro de Soluciones Sistémicas Vinculum Cor S.C. 2007-2008). Además de asistir a conferencias y cursos, junto con el estudio de videos y libros en el aprendizaje autodidacta de elementos de diversas técnicas y enfoques, como Gestalt, EMDR, EFT, Terapias de Energía, PNL, Violencia de Género, Farmacodependencia, y otros más.

La experiencia laboral ha sido desarrollada principalmente en el Centro de Investigación y Seguridad Nacional (CISEN, Secretaría de Gobernación de México); y en el Centro de Reinserción Social (CERESO) de Manzanillo, Colima, México. También, como practicante/voluntario en Centros de Integración Juvenil (CIJ) contra la farmacodependencia; Orientación Vocacional en Universidad de Colima; Docencia en una universidad privada y en 3 Colegios privados.

Activo participante en algunas redes sociales: Twitter (_BERNAL27). Facebook (Juan Carlos Martínez Bernal). Youtube (BERNAL27). Hotmail (BERNAL27000). Escritor de multitud de artículos divulgativos sobre temas psicológicos y terapéuticos, en webs como www.Mundogestalt.com (2003-2009), y más de 115 posts en Blogger, de 2010 a la fecha (https://bernal27.blogspot.com).

CONTACTO CON EL AUTOR:

Bernal27000@hotmail.com

Página De Facebook: JC Martínez Bernal

Página del autor en Amazon Estados Unidos (***Author Central***):

https://www.amazon.com/JUAN-CARLOS-MART%C3%8DNEZBERNAL/e/B07Y7271LJ

*Autor de otros **14** libros independientes publicados en Amazon:

"1000 TUITS DE BERNAL27", (julio 2019) https://www.azonlinks.com/B07VR3P22P

"EXÁMENES DE CONTROL Y CONFIANZA. VERDADES Y MENTIRAS", (julio 2019) https://www.azonlinks.com/B07VSC8FQG

"65 POEMAS ERÓTICOS, AMOROSOS Y DE RUPTURAS", (julio 2019) https://www.azonlinks.com/B07VT1VGTY

"SIN CUENTA EXPERIENCIAS TERAPÉUTICAS". (Primera edición: agosto de 2019) Segunda edición. (febrero 2020). https://www.azonlinks.com/B084JGFFGR

"TÉCNICAS ENERGÉTICAS Y DE INTEGRACIÓN CEREBRAL", Primera edición: agosto de 2019. Segunda edición» (febrero 2020) https://www.azonlinks.com/B0848KNJKR

«OTRAS 50 EXPERIENCIAS TERAPÉUTICAS», (Primera edición: septiembre 2019)

"100 INVESTIGACIONES DE EMDR, EFT, CF, PNL Y MÁS", (noviembre 2019) https://www.azonlinks.com/B0817LGBMF

«MÁS DE 100 ANÉCDOTAS DE BERNAL27», (noviembre 2019) https://www.azonlinks.com/B081PSK3J4

«POEMAS INSPIRADOS Y ESPIRADOS», (diciembre 2019) https://www.azonlinks.com/B082GL99XP

«100 SEMILLAS PARA TI, COLEGA PSICÓLOGO», (enero 2020) https://www.azonlinks.com/B083QTBRTF

«COMENTANDO LECTURAS TERAPÉUTICAS», (enero 2020) https://www.azonlinks.com/B084366T9S

"CREAR UN LIBRO ASOMBROSO. CÓMO LOGRÉ 6 ESTRELLAS". (abril 2020). https://www.azonlinks.com/B086SBHFBZ
Fuente para más información: https://bernal27.blogspot.com/search?q=mis+obras

*Nota: Mis Ebooks y Libros tapa blanda los puedes adquirir en las 17 tiendas online mundiales de Amazon y en sus 23 tiendas físicas repartidas en varios estados de Estados Unidos de América, incluyendo varias en California.